LE RÉVIZOR

La littérature russe
dans la même collection

DOSTOÏEVSKI	*Crime et Châtiment.*
	L'Idiot.
	Récits de la maison des morts.
	L'Éternel Mari.
	Notes d'un souterrain.
GOGOL	*Les Ames mortes.*
	Nouvelles de Pétersbourg.
	Le Révizor.
	Tarass Boulba.
POUCHKINE	*La Fille du Capitaine.*
	La Dame de pique et autres nouvelles.
TCHÉKHOV	*La Cerisaie.*
	La Steppe.
	Oncle Vania. Les Trois Sœurs.
	La Fiancée et autres nouvelles.
TOLSTOÏ	*Anna Karénine.*
	Maître et serviteur (nouvelles et récits, 1886-1904).
	La Mort d'Ivan Ilitch (nouvelles et récits, 1851-1885).
TOURGUENIEV	*Premier Amour.*

NICOLAS GOGOL

LE RÉVIZOR

Traduit du russe
par
Arthur ADAMOV

Introduction, notes,
bibliographie et chronologie
par
Claude DE GRÈVE

GF Flammarion

On trouvera en fin de volume une bibliographie et une chronologie

ISBN 2-08-070497-4

INTRODUCTION

L'accueil du « Révizor » en France.

Le Révizor de Nicolas Gogol n'appartient certes pas au répertoire des théâtres français, comme c'est le cas pour le répertoire soviétique depuis que son auteur est entré au panthéon des grands classiques, c'est-à-dire depuis le début du XXe siècle. La scène française n'a pas acclimaté le théâtre de Gogol comme celui de Tchékhov dont *La Cerisaie*, *La Mouette*, *Les Trois Sœurs* et *L'Oncle Vania* sont régulièrement joués. L'édition et, en particulier, les collections de poche ont longtemps réduit Gogol au romancier de *Tarass Boulba*, découpé et trituré à l'envi pour l'édification des enfants et adolescents prétendûment en quête de « virilité » et d'exotisme, avant de privilégier les nouvelles ukrainiennes et pétersbourgeoises, dans les années 1960-1970.

Plus que le théâtre de Gogol, les adaptations scéniques des nouvelles dites pétersbourgeoises, telles celle du *Manteau* par le mime Marcel Marceau en 1959 et par Jean Cosmos en 1963-1964, celle du *Journal d'un fou* par Roger Coggio à partir de 1962, contribuèrent à faire connaître le climat d' « inquiétante étrangeté » de son univers de mots. Un retour vers le rêve et le fantastique associés au sentiment de l'absurde que pouvait engendrer le monde d'après guerre suscita la réédition et la diffusion de traductions des nouvelles qui n'avaient obtenu, à leur publication, entre les deux guerres, qu'un succès d'estime.

Et pourtant, le théâtre de Gogol a inspiré les adaptateurs et les metteurs en scène français les plus célèbres. Il en est du moins ainsi de la pièce qui permet à Gogol de survivre comme dramaturge, *Le Révizor*. Homme d'un roman-poème, *Les Ames mortes*, Gogol, à la différence de Tchékhov, est l'homme d'une pièce, bien qu'il ait composé deux autres comédies, *Le Mariage* et *Les Joueurs*, la première ayant pu retenir une attention passagère en France [1].

Oublions ici la première mise en scène française du *Révizor* retirée de l'affiche après « quatre semi-représentations [2] » que le public aurait, selon les échotiers, soit abandonnées au troisième acte, soit sifflées ! Sans préjuger de la valeur de la traduction d'Eugène Moreau, restée manuscrite, contentons-nous de rappeler ce... détail : la mise en scène eut lieu, sous le titre *Les Russes peints par eux-mêmes*, le 15 avril 1854, quelques mois avant le siège de Sébastopol...

Plus tard, l'euphorie que provoqua l'alliance franco-russe, conclue en 1893, inaugura une période de russophilie dont par ricochet profita *Le Révizor*, mis en scène en 1898 par le célèbre Lugné-Poe, dans la traduction du non moins célèbre Mérimée, publiée en 1853 [3]. Longtemps après, en 1927, Louis Jouvet adapta à la scène française une traduction du *Révizor* par le Belge Jules Delacre et l'émigrée russe Olga Choumanski ; André Barsacq le traduisit et le monta en 1948 ; enfin Antoine Vitez, un des metteurs en scène les plus originaux de la fin du XXe siècle, tenta en 1980 de réaliser une synthèse des virtualités de sens [4] dont la pièce est le support, exploita toutes les tonalités perceptibles de l'œuvre, à l'exemple de Meyerhold, l'illustre devancier dont il se réclame.

Pièce classique du répertoire national russe ou texte inclassable, qui se prête à toutes les expérimentations ? Peut-être est-ce là le problème posé par *Le Révizor* que la conception et la pratique scéniques d'Antoine Vitez peuvent rendre sensible, comme on le verra plus loin.

En effet, si l'on rassemble les témoignages qui permettent de saisir les réactions à chaud du public français et de ses chroniqueurs dramatiques face au *Révizor*, on s'aperçoit que cette pièce a provoqué des résistances de deux ordres, à quoi a échappé le théâtre de Tchékhov : d'abord le sentiment que Gogol a écrit dans une langue intraduisible, dont les nuances, la saveur, les bons mots sont incommunicables à l'étranger [5] ; ensuite le sentiment que l'univers comique de Gogol demeure trop local, trop national, intransposable sur la scène française et sans autre intérêt que documentaire pour un public français.

Certes, les obstacles linguistiques ne manquent pas et maints traducteurs n'ont pas cherché à rendre par des équivalents appropriés les mots désignant des réalités qu'ils jugent trop exotiques, ni la diversité des registres de langue. Ainsi agit Mérimée lui-même [6]. Il n'est pas non plus toujours aisé de traduire le sabir franco-russe de Khlestakov — comme le mot même de « révizor » — expression de son snobisme pétersbourgeois et/ou d'une société où le français était encore un signe extérieur de distinction. Mais, comme le montre la traduction d'Arthur Adamov ici proposée, une connaissance approfondie de la littérature russe et de l'œuvre de Gogol, — Adamov adapta *Les Ames mortes* en 1960 pour le metteur en scène Roger Planchon [7], — permet de franchir les obstacles linguistiques. Le laps de temps écoulé entre la sortie de la pièce en Russie et la fin du XXe siècle a permis aussi aux traducteurs et adaptateurs de se libérer de l'hostilité imposée par les bienséances et le « bon goût » français contre l'emploi scénique de mots comme « gueule », « engueuler », « canaille », etc., qui parsèment la pièce de Gogol. Et l'on n'est plus vraiment choqué de devoir contempler un ivrogne bégayant et trébuchant sur scène.

Le Révizor a bénéficié d'une libération de la théâtralité des corps comme de la théâtralité des mots. Sans même que soit forcé le texte au point où il le fut par la mise en scène érotico-scatologique d'Igor Térentiev, en Union soviétique, durant la N.E.P. [8] — j'y reviendrai — rien désormais ne s'oppose plus au déploiement de toutes ses potentialités, à l'expression de tous les systèmes de signes (verbaux ou non) que peuvent suggérer les didascalies et les propos des personnages.

Quant au caractère local de la pièce, il reste lui aussi à reconsidérer et il est de moins en moins invoqué. En effet, le constat d'une passagère éclipse de Gogol au profit de Tourguéniev puis de Tolstoï, tant en Russie qu'en France, dans la seconde moitié du XIXe siècle, a pu m'amener à déceler d'autres raisons, plus profondes, à la résistance d'une partie du public et de la critique, dans les deux pays. Tout aussi « locaux » que *Le Révizor* et *Les Ames mortes, Les Récits d'un chasseur* et *Anna Karénine* n'offraient-ils pas ce qui manquait aux œuvres de Gogol : une image variée, multiple de la société russe et de l'humanité en général, des caractères émouvants, de l'amour[9]... ?

Mais, si l'on se fixait alors sur ces vertus de l'œuvre de Tourguéniev et de Tolstoï et *a contrario* sur les lacunes dont pouvait souffrir l'œuvre de Gogol, c'est que l'on était — et certains le sont encore — tributaire d'une vision devenue canonique et souvent exclusive de cet auteur, à travers *Le Révizor* en particulier : celle du peintre réaliste — ou satirique — des vices de l'administration russe sous le règne de Nicolas Ier. Vision unilatérale d'un peintre unilatéral de son pays et, à l'occasion, pensait-on parfois, de l'humanité entière, Russie et humanité rabaissées à une galerie d'imbéciles et de fripons, d'aucuns pouvant d'ailleurs cumuler les deux emplois ! Est-ce à dire qu'il faille refuser tout réalisme à la pièce de Gogol, n'y discerner comme les symbolistes du tournant du siècle et leurs adeptes qu'un jeu esthétique de névrosé avec les apparences, ou, inversement, percevoir cette pièce comme la théâtralisation d'une lutte tragique et grandiose de notre écrivain contre Satan et contre le mal métaphysique ? C'est, on le verra, tout aussi partial sinon davantage, du moins s'agissant du *Révizor*.

L'accueil dans le contexte social et littéraire russe.

On ne peut nier que le succès de scandale du *Révizor* lors de sa première représentation à Pétersbourg, le 19 avril 1836, eût laissé des traces sur l'appréciation et sur l'interprétation de la pièce, qu'on se réjouît de ce scandale ou qu'on le déplorât. *Le Révizor* heurtait déjà des habitudes esthétiques du public des théâtres et, souvent liées à ces habitudes, des susceptibilités de classe.

Ce sont des réflexes sociaux qui s'exprimèrent d'abord. Des témoins comme Serge Aksakov [10] et Pierre Annenkov [11], mémorialistes de la vie littéraire de l'époque, ont pu décrire le malentendu croissant qui domina lors de cette « première » parmi le public choisi du fameux théâtre Alexandra, composé essentiellement de hauts fonctionnaires, venus au spectacle avant tout pour se distraire. Annenkov évoque ce public comme figé dans un silence de mort et rapporte cette réaction, fondée sur une interprétation socio-esthétique pour le moins catégorique : « C'est une invraisemblance, une calomnie et une farce [12]. » La critique officielle allait faire chorus. D'ailleurs Annenkov range parmi les ennemis que sa comédie attire déjà à Gogol, non seulement de hauts fonctionnaires mais des personnes qui évoluaient « dans les parages du souverain lui-même [13] ».

Quant au souverain précisément, Nicolas Ier, plusieurs témoins, dont l'acteur P.A. Karatyguine, assurèrent qu'il s'écria en riant, au sortir de sa loge : « En voilà une pièce ! Chacun en a pris pour son grade, et moi plus que d'autres [14] ! » C'était bien la confirmation, venue d'en haut, de la force subversive de la pièce, du moins aux yeux de ses détracteurs comme de ses admirateurs contemporains, parmi lesquels allaient figurer des critiques non gouvernementaux, de tendance libérale occidentaliste, tels que le grand critique Biélinski [15].

Gogol, qui ne s'attendait pas à des réactions si

passionnément socio-politiques, refusa d'assister à la première du *Révizor* au Petit Théâtre de Moscou, le 25 mai. Il avait pourtant confié la mise en scène de sa pièce au grand acteur Michel Chtchepkine, ancien serf... et donc moins inféodé que d'autres acteurs à une déclamation à la française qui, selon notre auteur, caricaturait les personnages [16]. Or, durant la première de Moscou, on entendit des réactions comparables à celles du public pétersbourgeois du 19 avril. Celles-ci firent prononcer à un ami de Chtchepkine cette phrase devenue célèbre en Russie : « Je vous en prie, comment aurait-on pu mieux l'accueillir quand la moitié du public prend, tandis que l'autre donne [17] ? »

D'autres raisons cependant s'ajoutent à ces réflexes sociaux pour expliquer l'aversion suscitée par la comédie de Gogol dans le public choisi. Ces spectateurs du beau monde, s'ils ne voyaient pas nécessairement leurs reflets caricaturaux dans les personnages du *Révizor*, réagissaient au nom des traditions littéraires et scéniques qui avaient formé leur goût.

Le Révizor détonait pour ces spectateurs qui, en matière de théâtre, ne connaissaient guère que, d'un côté, le ballet et l'opéra, de l'autre, le mélodrame et le vaudeville. Dans un article de 1836, légèrement postérieur au *Révizor* et intitulé « Notes pétersbourgeoises de l'année 1836 [18] », Gogol lui-même pouvait constater : « Le ballet et l'opéra sont le roi et la reine du théâtre pétersbourgeois [19]. » Ce public était particulièrement friand de *La Norma* de Bellini, de *Robert le Diable* de Meyerbeer, avec sa « musique féroce et infernale », et de *Sémiramis* de Rossini.

Cette invasion du ballet et de l'opéra, prétendait aussi Gogol, faisait oublier aux Pétersbourgeois l'existence de la « vraie » tragédie et de la « vraie » comédie, « vrai document sur la société », dont émane un rire « électrique, vivifiant, qui surgit spontanément, librement, inopinément et directement du cœur, frappé de l'éclat éblouissant de l'esprit, qui naît d'un plaisir serein et qui n'est produit que par un esprit élevé [20] ».

Une chose en effet est l'existence en Russie de tragédies et de comédies nationales, telles *Boris Godounov* de Pouchkine, *Le Mineur* de Von Vizine et *Le Malheur d'avoir de l'esprit* de Griboïédov[21], autre chose est leur présence sur la scène, présence alors manifestement insuffisante. Encore que *Le Malheur d'avoir de l'esprit*, joué à partir de 1831, obtint en son temps un « immense succès[22] » auprès du public, avant de passer au répertoire des théâtres : il avait le « mérite » de présenter une véritable héroïne, Sophie, engagée dans une intrigue sentimentale, de respecter les règles de la comédie classique et de préserver, grâce à la prosodie, le beau langage !

Mais Griboïédov, comme Gogol, dut affronter une autre concurrence. Dans l'article cité, c'est sur le ton de la déploration que notre auteur s'écrie : « Voici déjà cinq ans que les mélodrames et les vaudevilles ont envahi les théâtres du monde entier[23] », supplantant Schiller et Molière. Pour s'en tenir à la Russie, en guise de tragédies et de drames, les directeurs de théâtre ne proposaient que des mélodrames aux sujets spectaculaires ou sanglants (meurtres, incendies) où s'exprimaient « les passions les plus féroces[24] » ; en guise de comédies, l'on montrait des vaudevilles français, tels ceux de Scribe[25], ou russes, tels ceux d'Alexandre Chakhovskoï[26]. La plupart des acteurs de l'époque étaient accoutumés à ce type de « comédies » légères qui, en outre, mettaient en scène marquis, vicomtes et barons, tout un monde bien éloigné des petits fonctionnaires de Gogol, un monde embarqué le plus souvent dans des Cythères plus galantes que sociales.

Qu'on n'exagère cependant pas l'hostilité rencontrée par *Le Révizor* ! Le public allait être beaucoup plus dérouté par *Les Âmes mortes*, bien davantage violé dans ses habitudes de lecture. D'autant que, aux représentations suivantes, la pièce reçut un accueil plutôt favorable de la part d'un public moins mondain qui s'arrachait les billets, à Pétersbourg comme à Moscou, et qui rit beaucoup. Aksakov et Annenkov n'hésistent pas à employer l'épithète « énorme » pour qualifier le succès du *Révizor* auprès du public moyen et simple[27], le public de vaudevilles comme *Filatka* de P.G. Grigoriev[28], fait de jeunes étudiants et de grisettes, même si, au grand regret de Gogol, ces derniers, comme la plupart des acteurs — sinon des spectateurs — ne virent dans sa pièce qu'un vaudeville de plus[29].

La critique contemporaine du *Révizor* compta, rappelons-le, dès 1836, des admirateurs, même si certains d'entre eux exagérèrent, aux yeux de Gogol, la portée de l'œuvre. Ainsi, Biélinski, dans le bref jugement qu'il offrit de la pièce, avant l'étude plus mûrie qu'il allait publier en 1840[30], exprime la satisfaction de l'homme dont un des rêves vient de se réaliser, celui « d'un théâtre national russe qui pénètre profondément la réalité vivante de la Russie tout entière[31] ». Autre admirateur, le prince Pierre Viazemski répondit dans un article du *Contemporain*[32] aux accusations portées contre la pièce. Il employa les mêmes arguments que ceux qui sont développés dans *La Sortie d'un théâtre*, pièce que notre auteur ne publia qu'en 1843 mais commença en 1836[33] et qui est au *Révizor* ce que *La Critique de l'École des femmes* est à *L'École des femmes*. De surcroît, ayant évalué *Le Révizor* comme supérieur à toutes les comédies russes existantes et l'ayant abordé comme un « événement littéraire », Viazemski en retient un personnage positif, le gouvernement. Surtout, avant même d'en dégager des significations sociales et morales — sur lesquelles je reviendrai — il s'attache à défendre la vraisemblance, souvent mise en doute, de l'intrigue, par la logique « interne » de celle-ci, dont le ressort serait la peur, et par une vérité « externe », référentielle : « pareille mystification est courante partout », affirme-t-il, et il en donne un exemple récent, situé dans une région proche.

Genèse et intrigue.

Rappeler l'intrigue du *Révizor* est aussi en rappeler la genèse, qui lui est indissociable, et par là mettre en relief un premier trait de l'œuvre de Gogol comme de toute son activité littéraire : n'avoir « jamais rien créé en imagination [34] ».

Dans l'avant-dernière scène de la pièce, le dramaturge, par le truchement d'une lettre de Khlestakov à un ami, rappelle en raccourci l'action : le quiproquo vécu par toute une ville de province, gouverneur en tête, qui prend un jeune scribouillard de Pétersbourg pour un « révizor » et qui n'a de cesse de masquer ses propres turpitudes. Les « révizors » étaient, dans la réalité, de hauts fonctionnaires que le gouvernement de Nicolas Ier, soucieux de renforcer le contrôle de la machine administrative, envoyait en mission secrète d'inspection sur tout le territoire de l'empire.

On a pu rattacher ce scénario à celui de *Tartuffe* où l'intrigue repose sur le même type de méprise. L'arrivée du gendarme, annonçant la visite d'un vrai révizor fut rapprochée de celle de l'exempt, mandé par le gouvernement pour arrêter l'imposteur Tartuffe. Ainsi, l'action du *Révizor* ressasserait une tradition éculée [35].

Plus précisément, l'anecdote centrée sur un aventurier pris pour un inspecteur du gouvernement et jetant le trouble dans une petite ville constituait déjà en Russie et en Ukraine un « sujet errant [36] » de pièces de théâtre. On a souvent rapproché la comédie de Gogol d'un (médiocre) vaudeville ukrainien dont le sujet est identique : *L'Arrivant de la capitale ou Branle-bas au chef-lieu du district* de G. Kvitka-Osnovianenko, écrit en 1827 et qui circulait en manuscrit. On y voit, traité comme un « révizor », chargé d'une enquête sur des malversations locales, un étourdi (Poustolobov ou Tête vide) dont l'unique objet de recherche est une riche fiancée. On assiste, au dénouement, à l'arrestation du faux révizor par le préfet (arrestation qui ne conclut pas la comédie de Gogol, ce qui, on le verra, constitue une différence de taille sur le seul plan de la fiction).

Mais si, effectivement, Gogol n'a pas fait preuve d'imagination dans le choix de l'action elle-même, ce qu'il reconnaît plus tard, dans sa *Confession d'auteur*[37], il n'a jamais revendiqué qu'un seul parrainage pour son *Révizor*, celui de Pouchkine. Aussi son originalité se situe-t-elle sur un autre plan.

En effet, Gogol ne s'est pas mis à rédiger *Le Révizor*, sa pièce la plus réussie, sans la moindre expérience théâtrale. Certes, il est resté avare de détails sur la genèse et sur la composition de cette pièce, mais d'abord, comme en témoignent sa correspondance, sa *Confession d'auteur* et les propos de ses amis et de ses biographes[38], l'intérêt de Gogol pour le théâtre et même ses activités dans ce domaine ne datent pas de l'année 1836. Je me bornerai ici à évoquer quelques faits avant de préciser le rôle décisif que joua ensuite Pouchkine dans la composition du *Révizor*.

Gogol fut initié précocement au théâtre par son père, auteur de comédies en ukrainien et par un cousin de sa mère, Dmitri Trochtchinski, possesseur d'une troupe de comédiens recrutés parmi les serfs du voisinage. Au lycée de la petite ville de Niéjine, il participa à des spectacles et composa même ses premiers essais de théâtre dont un drame romantique et une satire[39], celle-ci lui faisant augurer qu'il deviendrait — précisément — « un auteur comique et satirique[40] ». Les talents de comédien que déployait le jeune Nicolas au lycée — il y joua, monta et décora *Le Mineur* de Von Vizine, quelques comédies de son père, quelques pièces traduites du français dont celles de Florian[41] — ne réussirent pas à le faire admettre comme acteur au Grand Théâtre de Pétersbourg où régnait Alexandre Khrapovitski, partisan de la déclamation classique.

En 1831, Gogol publia dans *La Gazette littéraire* un article dithyrambique sur le *Boris Godounov* de

Pouchkine. Toutefois, dès 1832, après la publication de sa première œuvre littéraire digne de ce nom [42], *Les Veillées du hameau,* recueil de nouvelles ukrainiennes, Gogol, devenu auteur faute d'être acteur, s'intéressa de plus en plus à la comédie russe. Dans ces dispositions, il rencontra l'acteur Chtchepkine qui, partisan d'un théâtre « antithéâtral », lui conseilla d'écrire pour la scène. Grâce à Pouchkine ensuite [43], il découvrit l'importance de Molière qu'il dédaignait jusqu'alors pour « la faiblesse de ses intrigues et la banalité de ses dénouements [44] ». Méprisant ses *Veillées,* il rêve d'une œuvre plus significative et, dès 1832, il croit avoir trouvé sa voie avec une comédie intitulée *La Croix de Saint-Vladimir* dont le thème tel qu'il le révèle à ses amis est la manie des honneurs. En effet, ce devait être l'histoire d'un fonctionnaire qui, dans ses rêves d'une croix de Saint-Vladimir, finit par se prendre lui-même pour cette croix. Pletniov, qui avait été frappé par les passages dialogués des nouvelles de Gogol, attendait beaucoup de cette comédie. Elle avorta. Dans une lettre du 20 février 1833 à l'historien et homme de lettres Pogodine, Gogol s'en explique ainsi : « Je me suis arrêté soudain en voyant que ma plume bronchait sur des passages que la censure n'autoriserait jamais. » Il ne lui reste, ajoute-t-il, qu'à inventer un sujet « innocent », mais, déplore-t-il aussitôt, « qu'est-ce qu'une comédie sans vérité ni méchanceté [45] ? » De la comédie initialement projetée, Gogol n'écrit donc que quelques scènes, publiées plus tard sous les titres de *La Matinée d'un homme d'action, Le Procès* et *L'Antichambre.*

Il esquissa alors une comédie au sujet « innocent », *Les Prétendants,* qu'il mit provisoirement de côté pour se consacrer à l'histoire. Entre ses travaux historiques, il publie *Arabesques,* recueil de nouvelles et d'essais divers [46], va lire à Moscou une nouvelle mouture de ses *Prétendants,* devenue *Le Mariage* qui, selon Serge Aksakov, fait rire l'assistance à s'en trouver mal. Aux derniers mois de 1835, il corrige *Le Mariage* et se passionne pour un sujet qui sera celui des *Âmes mortes.*

Avant de songer à écrire *Le Révizor*, Gogol — ce qui n'est pas indifférent à la composition ni à l'atmosphère de cette comédie — tenait de Pouchkine le sujet des *Âmes mortes* qu'il avait déjà amorcé mais dont, arrivé au troisième chapitre, il se mit à imaginer des développements plus longs que prévus. Tenaillé par le besoin d'argent, Gogol écrivit alors à Pouchkine, le 7 octobre 1835, pour lui demander une anecdote capable, cette fois, de lui fournir le sujet d'une comédie « diaboliquement drôle[47] ». Or, si l'on en croit Vladimir Sologoub, dans ses mémoires, Gogol reçut de Pouchkine, revenu à Pétersbourg, le 23 octobre, deux anecdotes semblables que celui-ci s'apprêtait lui-même à exploiter : l'une avait pour héros un certain Krispine, alias l'éditeur Paul Svinine, qui, en visite en Bessarabie, fut pris pour un envoyé du gouvernement et accueilli en tant que tel ; l'autre, Pouchkine lui-même qui, à Nijni-Novgorod, fut signalé au gouverneur comme agent secret, chargé par le tsar d'arrêter une révolte[48].

Gogol, conquis par ce type d'anecdote, composa avec célérité la « comédie en cinq actes » qui lui tenait à cœur et dont la première rédaction fut terminée le 4 décembre 1835. Elle fut achevée et recopiée en janvier 1836[49]. Gogol continue d'apporter des corrections à sa pièce jusqu'à la veille de la première, le 19 avril 1836 et de la sortie de presse, après autorisation censoriale, le 13 mars. En vue de la première édition, la censure avait contraint Gogol à supprimer la scène 12 de l'acte IV entre Khlestakov et la femme du sous-officier qu'a fait fouetter le gouverneur (scène 11 de la version définitive) ainsi que quelques allusions, telle l'évocation de l'ordre de Saint-Vladimir que je juge rêve d'obtenir, telle aussi une réflexion du gouverneur sur les intendants généraux (scène 7 de l'acte V dans la version définitive[50]). C'était donc déjà la troisième rédaction.

En 1841, Gogol publia une seconde édition du *Révizor* (quatrième rédaction) avec refonte de la « scène des vantardises » (III, 6) et surtout des quatre premières scènes de l'acte IV que, d'après la « lettre à un écrivain », il avait jugées froides et plates dès la première. Au lieu de commencer par le monologue de Khlestakov, l'acte IV commence désormais par une scène de concertation entre les fonctionnaires : de la sorte, Khlestakov ne devait plus demander lui-même les pots-de-vin. En 1843, lors de la première édition de ses *Œuvres complètes*, Gogol enrichit le texte de sa pièce de deux additions importantes : l'épigraphe et la fin du discours du gouverneur, avec sa célèbre parabase : « De quoi riez-vous ? C'est de vous-mêmes que vous riez ! » : c'était la cinquième rédaction, définitive. Mais, ce n'est qu'en 1870 que le texte du *Révizor* fut restitué sur scène dans son intégralité, c'est-à-dire avec les passages censurés. La traduction présentée ici reprend ce texte intégral.

Une anecdote éculée et même quasiment sans importance, une action invraisemblable, tels sont les griefs qu'on a le plus souvent formulés contre l'action du *Révizor*, en n'y voyant que le fragile prétexte d'une farce ou d'une calomnie. À moins qu'on n'ait jugé l'action qu'en fonction de son contexte social.

Éculé le thème du quiproquo ? Mais il y a quiproquo et quiproquo. Khlestakov, celui qu'on prend pour un révizor, ne devient véritablement imposteur qu'au IVe acte (scène 7), lorsqu'il discerne les véritables raisons de la générosité des fonctionnaires qui l'ont accueilli. À la différence du Tartuffe de Molière, ce n'est qu'à ce moment-là qu'il courtise la femme et la fille du gouverneur et promet le mariage à celle-ci avant de prendre la fuite. À la différence de Tartuffe, le jeune fonctionnaire ne consacre pas l'essentiel de son énergie à séduire des femmes et, à la différence de nombreuses comédies, *Le Révizor* est dépourvu de l'intrigue amoureuse traditionnelle, ce qui a pu faire conclure à l'absence de toute intrigue. Endetté et affamé, Khlestakov profite d'abord de ce qu'il croit être la considération, l'hospitalité d'un gouverneur provincial envers un voyageur pétersbourgeois, pour rembourser son aubergiste et savourer un bon déjeuner. Non que le goût des femmes soit absent chez le jeune gandin, qui le proclame, par exemple à l'acte III (scène 5), mais ce goût passe tout simplement après celui de la gastronomie, des vins, du cigare, des cartes, des vêtements et équipages élégants, bref, de tout ce qui permet de cueillir « les fleurs du plaisir », sans que s'y engage la personne.

Et surtout, la méprise que provoque la présence même de Khlestakov entraîne toute une ville dans un tourbillon, imprimant à l'action une orientation moins familiale et privée que sociale [51], même si le réalisme du microcosme ainsi dévoilé reste sujet à caution, même s'il ouvre sur de mystérieuses échappées...

L'espace et le temps dans « Le Révizor » : le thème de Pétersbourg.

La localisation et les décors de la comédie ont troublé et troublent encore. Ville localisable ? Ville purement imaginaire ? Microcosme qui serait l'essence de la province russe ? de la Russie tout entière ? du monde ? du cœur humain ? On n'a pas fini d'en débattre.

Ce qu'on peut dire, c'est que les indications scéniques contenues dans les paroles des personnages (didascalie interne) invitent à localiser et en dissuadent à la fois. Ce « petit trou de province » (II, 8), ce nulle part qu'on ne peut localiser par rapport à quelque frontière : « Voyons, ce n'est pas une ville frontière — dit le gouverneur, dès la première scène — on pourrait d'ici galoper pendant trois ans, sans jamais atteindre un autre gouvernement » est, par ailleurs, situé sur un itinéraire précis, celui de Khlestakov qui se rend de Pétersbourg à Saratov, ville réelle du sud de la Volga. Au premier degré, l'action a bien lieu dans une petite ville de province russe, pas entièrement localisable, pas entièrement imaginaire, plutôt typique. Peut-être sa signification dépend-elle d'autres données [52]. Mais, autres sources de perplexité possibles — et elles le furent pour les acteurs et les directeurs de théâtre du temps de Gogol — les décors, les petites unités de lieu qui constituent et permettraient d'identifier ce microcosme comme petite ville de province.

Le dramaturge, d'après quelques indications (didascalie externe), telle, à la fin de la pièce, celle de nombreux invités en frac, ne paraît pas avoir renoncé au traditionnel salon, et presque toute la pièce se déroule dans la maison du gouverneur. Il pratique une ellipse sur d'autres lieux de la ville où se passe une partie de l'action : les établissements que les fonctionnaires font visiter à Khlestakov, en particulier l'hôpital où lui est offert le déjeuner qui déclenchera la célèbre « scène des vantardises ». Cette ellipse spatio-temporelle, entre annonces et rappels, accélère le rythme de l'action, fonction tout à fait intelligible dans l'optique traditionnelle. Dans la même optique, on comprend aussi que le décor de la maison du gouverneur ne laisse qu'une place provisoire à celui de la chambre misérablement meublée de Khlestakov, dans l'auberge de la ville : décor au demeurant insolite, misérabiliste, même si l'on sourit des propos du voyageur qui voit dans cet antre humide des punaises « plus grosses qu'(il) n'en vit jamais nulle part » (II, 8).

Mais la maison du gouverneur elle-même n'est ni celle de la comtesse Almaviva ni celle des Famoussov[53]. Et d'après un témoin, Alexandre Ivanov[54], le mécontentement de Gogol fut grand devant l'ameublement somptueux qui avait été prévu pour la première du *Révizor* et il en réclama un beaucoup plus simple. À vrai dire, l'absence d'indications sur le décor, qui n'est désigné dans la didascalie externe que par le simple « une chambre dans la maison du gouverneur », en suggère le caractère quelconque.

Si la critique ne l'a pas toujours exploité, elle a été sensible à un autre fait : les allusions à la rue et à la fenêtre qui donne sur la rue scandent la comédie. Khlestakov voit de là l'arrivée des marchands ; la femme et la fille du gouverneur y attendent l'arrivée de Khlestakov et le regardent partir ou plus exactement s'éclipser.

Comme les rêves de ces femmes, qui se cristallisent autour de ce que Khlestakov représente, la petite ville n'est-elle pas prise dans un envol, dans un tourbillon que provoque une force lointaine en apparence, mais si présente, celle de la capitale, celle de Pétersbourg ?

Autant qu'en province, l'intrigue se passe à Pétersbourg, lieu mythique, mais aussi ressort de l'action, autant que la peur, plus souvent alléguée par la critique.

À la fin de la pièce, après que Khlestakov s'en est chargé (par le biais de la lettre interceptée) et une fois Khlestakov « évanoui », certains des personnages résument l'action, l' « invraisemblable histoire ». « Comment se fait-il, messieurs... Comment en vérité, avons-nous pu nous laisser berner de la sorte ? », s'interroge Ammos Fiodorovitch Liapkine-Tiapkine, le juge. « Comment c'est arrivé, je serais incapable de le dire, quand bien même on me tuerait », déplore Artémy Philippovitch Zemlianika, directeur des établissements de bienfaisance (V, 7). Et, de fait, ce qui est arrivé importe moins ici que « comment c'est arrivé ». Ce n'est pas sur le dénouement qu'il convient de compter pour acquérir quelque certitude à cet égard. Le juge ne trouve aucune réponse à sa propre question, le gouverneur berné incrimine sa propre crédulité et une perte momentanée de la raison que le « Bon Dieu » lui aurait infligée pour le punir, Zemlianika y entrevoit d'abord les effets d'un ensorcellement diabolique et finit par s'écrier : « Que le diable vous emporte avec vos révizors et vos histoires ! »

Comme Zemlianika... renonçons, au moins provisoirement, à toute investigation du côté de la signification profonde de l'histoire, du « pourquoi », pour nous attacher au « comment » dans son sens le plus immédiat, c'est-à-dire au développement d'une méprise qui entraîne toute une ville à transformer un jeune voyageur en inspecteur du gouvernement, lui-même se métamorphosant en profiteur puis en imposteur.

On remarquera que la pièce se déroule dans l'intervalle de deux annonces, l'une inspirée au gouverneur par la lettre d'un ami, l'autre de source officielle, par un gendarme : « Je vous ai réunis messieurs [...] : il nous arrive un révizor » (I, 1) et « Un fonctionnaire arrivé de Pétersbourg sur ordre du gouvernement vous prie de vous rendre chez lui. Il est descendu à l'hôtel » (V, 7).

Certes, l'incognito, le secret qui entoure l'arrivée de Khlestakov déclenchent l'action dans l'immédiat, ce que tend à traduire la répétition du mot « incognito », présent à la fin des scènes 1 et 2 du premier acte. Certes aussi, cette action, comme on l'a souvent fait observer dès les premiers comptes rendus de la pièce[55], est stimulée par un ressort essentiel, la peur. La peur du gouverneur et des fonctionnaires de la ville les pousse à prendre à la hâte des précautions afin de masquer les « péchés » dont ils se sentent coupables ; la peur préside à la première confrontation entre le gouverneur et Khlestakov, souvent interprétée, et à juste titre, comme un affrontement entre deux peurs ; la peur se prolonge chez les fonctionnaires lors même que Khlestakov paraît avoir été dupé et conquis, comme le montrent les dernières scènes de l'acte III.

Toutefois, dès la scène 3 du premier acte, d'autres ressorts sont mis en branle, et non moindres que la peur, qui en renforcent même les motifs profonds. C'est, en effet, sur les allégations de deux personnages en apparence secondaires mais qui se révèlent de puissants adjuvants, Bobtchinski et Dobtchinski, que le gouverneur se rend à l'auberge où est descendu Khlestakov. Or, le jeune homme ne se comporte-t-il pas « bizarrement », ne consomme-t-il pas tout à crédit, conduite insolite dans un « trou de province » ? Il lui suffit en fait d'un seul point commun avec le révizor annoncé pour être identifié comme tel dans tout son comportement et sa personne : la provenance, Pétersbourg.

Il n'est alors pas fortuit que ce toponyme ouvre

pour ainsi dire et ferme la pièce (avant la scène « muette »). Et, malgré les dénégations de Gogol dans une lettre à Chtchepkine du 29 avril 1836 et dans une lettre à Pogodine du 15 mai de la même année où il se demande et s'imagine ce qu'auraient dit ses détracteurs s'il avait « emprunté quoi que ce (fût) à la vie pétersbourgeoise, qui lui (est) plus et mieux connue actuellement que la vie provinciale [56] » et « dont les couleurs sont plus vivantes et plus nettes dans sa mémoire [57] », il est difficile de nier la présence dans *Le Révizor* de quelque règlement de comptes de l'ancien fonctionnaire et auteur malheureux de *La Croix de Saint-Vladimir* avec la haute administration de la capitale. Il est difficile de nier le mélange de fascination et de répulsion qui s'y exprime pour une métropole que Gogol avait déjà peinte, peu auparavant, dans ses *Arabesques* [58], ainsi que dans sa comédie avortée, comme le lieu par excellence de la « tchinomanie », variante russe d'un culte exacerbé du grade (« tchin »), avec son cortège de mensonges et de vanités en tout genre.

La magie du nom de Pétersbourg traverse toute la pièce, porteuse d'effroi, de rêve puis de revanche sur la vie pour ceux qui sont éloignés de la capitale, de prestige, de vantardise puis d'imposture pour ceux qui en viennent. La rencontre entre ces mouvements centripètes aura noué l'action, comme Khlestakov, devenu le relais du dramaturge, le souligne lui-même dans le récit en raccourci de son « invraisemblable histoire » : « Quand soudain, grâce à mon allure pétersbourgeoise et à mon costume, toute la ville m'a pris pour l'intendant général en personne » (V, 7).

C'est bien cette allure pétersbourgeoise qui fait prendre Khlestakov pour un représentant de l'État par le gouverneur et ses fonctionnaires — en témoigne la fin de la scène 5 de l'acte I — et c'est bien l'homme d'État pétersbourgeois que cherchent à corrompre après l'avoir craint tous les notables de la petite ville. On comprend que l'acte IV ait indigné nombre de spectateurs de la première du *Révizor* : le dramaturge n'y fait-il pas jouer cette petite comédie, *Comment corrompre un homme d'État « dans une société bien organisée »*, pour reprendre les termes du personnage de Zemlianika (IV, 1) ? Importe-t-il que, dans les scènes des pots-de-vin (IV, 3-7), Khlestakov, qui joue sur le pouvoir de suggestion des mots « capitale » et « Pétersbourg » *soit* ou non un homme d'État ? Il *représente* aux yeux des fonctionnaires provinciaux — et par là-même aux yeux des spectateurs de la pièce — l'homme d'État pétersbourgeois, sensible à une corruption polie qui le dissuadera de dénoncer les abus de ses solliciteurs et qui l'incitera à punir ceux qu'on lui dénonce, l'homme capable de conférer l'existence à un Bobtchinski auprès de « toutes les notabilités de là-bas » (IV, 7), sénateurs, amiraux, voire l'Empereur !

Ces scènes de pots-de-vin, ponctuées par la prière de Bobtchinski, marquent un tournant essentiel de l'action.

Elles sont d'abord l'aboutissement d'un crescendo : d'un gonflement de cette bulle insignifiante que serait véritablement Khlestakov selon son fidèle serviteur Ossip, à la scène 1 de l'acte II. Paresseux et joueur à Pétersbourg, Khlestakov ne vise d'abord, dans chaque ville qu'il traverse comme dans la ville où habite son père, qu' « à épater le monde », comme le dit familièrement Ossip. « Mieux vaut rester affamé et rentrer à la maison avec mon beau costume pétersbourgeois », s'écrie en effet le jeune homme (II, 5). En présence du gouverneur, le mauvais payeur se sert de « Pétersbourg » comme d'un mot de passe pour éviter la prison (II, 8) avant que la vanité le pousse à accepter sans vergogne la « considération » des provinciaux.

Un catalyseur, et présenté comme tel, le vin que le gouverneur offre à Khlestakov dans le dessein délibéré de le faire parler (III, 9), amplifie cette vanité que les deux principaux personnages féminins de la pièce, Anna et Maria, femme et fille du gouverneur, encouragent : « Et maintenant, Machenka, il faut que nous nous occupions de nos toilettes. Il nous arrive de la capitale, que Dieu nous préserve de ses moqueries »

(III, 3). Et la « scène des vantardises » n'est-elle pas déclenchée par cette parole d'Anna : « Je pense qu'après la capitale, ce voyage a dû vous paraître bien désagréable », à laquelle fait écho Khlestakov : « bien sûr, rien ne peut se comparer à Pétersbourg » ? (III, 6). Et la vie journalistique, littéraire, bureaucratique et mondaine de la capitale de défiler au gré de la logorrhée de Khlestakov que la vanité et l'ivresse métamorphosent aux yeux de ses interlocuteurs comme à ses propres yeux en critique officiel, en écrivain, en homme d'État, en snob épris de pièces françaises et qui fait venir son potage... de Paris ! Où s'arrête le réel, où commence le mythe ? À charge du spectateur, comme on le verra, d'en décider. Mais deux réactions, celle d'Artémy Philippovitch Zemlianika à la scène 7 et d'Anna à la scène 8 du même acte résument bien les deux composantes du thème pétersbourgeois : Artémy discerne surtout en Khlestakov celui qui, une fois dégrisé, est capable d'envoyer à Pétersbourg « un rapport » ; Anna, un gentil jeune homme dont l' « éducation » et les « manières » font voir « tout de suite qu'il vient de la capitale ».

Les scènes de pots-de-vin servent ensuite et, enfin, de détonateur à la prise de conscience par Khlestakov de la méprise qu'il a engendrée. Elles déclenchent deux séries d'actions qui précipitent le dénouement : la rédaction et l'envoi d'une lettre satirique à un ami ; un comportement d'imposteur qui accepte en toute lucidité les pots-de-vin des marchands et courtise par jeu la femme et la fille du gouverneur, à laquelle il promet le mariage. Cette promesse d'un mariage entre une petite provinciale et un haut fonctionnaire de Pétersbourg sous-tend tout l'acte V, fait passer le gouverneur et sa famille de l'envol du rêve à la chute vers le réel, jusqu'à la pétrification finale. Comme les rêveurs eux-mêmes, les rêves de revanche, d'obtention d'un grade élevé pour le gouverneur, d'un train de vie élevé pour sa femme, encouragés par d'autres rêveurs, Bobtchinski et Dobtchinski, se pétrifient dans la dérision et à nouveau la peur, peur de ce même

Pétersbourg dont on rêvait. La spirale s'est fermée.

Avant la peur, avant le rêve, s'est toutefois produite une méprise dont Khlestakov fait ressortir lui-même la rapidité : « Quand soudain [...] toute la ville m'a pris pour [...]. » Or, le théâtre, par les jeux sur la temporalité auxquels peut se livrer un auteur, à partir des contraintes scéniques et grâce aux didascalies, permet précisément d'accentuer et de démontrer le caractère à la fois rapide et insoutenable dans la durée d'une telle méprise. Ce qui peut paradoxalement la rendre plausible à de nombreux spectateurs.

En un temps de représentation de quatre heures au plus — celui de la première, selon Annenkov — Gogol condense deux jours, comme l'indique cette réplique d'Ossip, à la scène 9 de l'acte IV : « Vous vous êtes promené ici pendant deux jours. » Le dramaturge pratique à cet effet plusieurs ellipses, intradiégétiques (relatives à la durée de la pièce) et extradiégétiques (relatives à la préhistoire de l'intrigue) : ellipses intradiégétiques, comme on l'a vu, sur les visites en ville de Khlestakov, annoncées à la scène 10 de l'acte II, rappelées à la scène 3 de l'acte III ; sur son déjeuner, annoncé à la scène 10 de l'acte II, rappelé aux scènes 5 et 6 de l'acte III ; ellipse aussi sur une longue sieste d'une demi-journée et d'une nuit : « Ils ont dû m'empiffrer, hier, à déjeuner » (IV, 2) ; ellipses extradiégétiques, à l'acte I, sur les dispositions prises par le gouverneur depuis l'annonce de l'arrivée du révizor ; à l'acte II, sur les deux semaines pendant lesquelles Khlestakov a vécu à crédit dans son auberge et le gouverneur a fait fouetter une femme de sous-officier. Souvent s'enchaînent tambour battant des scènes de préparatifs, de remue-ménage qui mettent en valeur les grandes scènes, telles les premières de l'acte III, précédant la « scène des vantardises ». De quoi s'interroger sur le caractère répétitif des scènes de pots-de-vin qui ralentissent le mouvement et une fois de plus sur leur portée, nonobstant les dénégations de Gogol.

La portée de ces scènes, que nous avons déjà

entrevues à travers la veine pétersbourgeoise qui parcourt la pièce, n'est-elle pas en fait confirmée par un temps psychologique quasi mythique pour le gouverneur et sa famille, qui est anticipation de leur vie pétersbourgeoise et qui les conduit à renvoyer leur vie encore actuelle dans le passé ? Anna pousse le cri du cœur : « Non, quand tu *étais*[59] gouverneur ; mais là-bas, voyons, la vie sera toute différente » (V, 1). Ce temps mythique change aussitôt de sens après la lecture de la lettre de Khlestakov. A travers les réactions du gouverneur, ce sont les limites mêmes de la pièce de Gogol qui éclatent et préparent la parabase ou adresse au spectateur : « De quoi riez-vous ? C'est de vous-mêmes que vous riez » (V, 7).

Dans ce cas, à quel temps et à quel ordre appartient le moment de la pétrification, si soigneusement annoncé et évoqué par la didascalie externe qui précède le texte de la pièce et par celle qui, à la fin, précède l'entrée du gendarme :

> Messieurs les acteurs doivent apporter une attention toute particulière à la dernière scène. Les paroles du gendarme doivent produire une commotion électrique sur tout le monde à la fois et tout à coup. Le groupe entier doit changer d'attitude en une seconde [...].

> Ces paroles éclatent comme un coup de tonnerre et foudroient tout le monde. Les dames, unanimes poussent un cri de stupeur. Tout le groupe, ayant soudain changé d'attitude, reste pétrifié [...]

La pétrification de l'humain appartient-elle à l'ordre du réel faisant irruption dans les rêves des personnages ou à une vision déformante de l'auteur ? Il est encore trop tôt ici pour répondre (pour autant qu'on y parvienne...).

Le comique. Les personnages.

En effet, comme l'ont rappelé quelques chercheurs soviétiques de l'ère post-stalinienne, réagissant contre des années de « sérieux[60] », on n'a eu que trop tendance à oublier que *Le Révizor* s'intitule « comédie ». On n'a eu que trop tendance à n'y voir qu'un sombre drame, social ou métaphysique. Lors même, comme il est fréquent, cette fois dans la critique française sur Gogol, qu'on adopte la célèbre définition bergsonienne du rire comme « mécanique plaquée sur du vivant[61] », peut-être conviendrait-il de ne pas oublier que « rire » il y a et que cette définition du rire implique le terme de « vivant ».

Gogol lui-même, non seulement s'est proclamé à plusieurs reprises « auteur comique », avec, certes, toutes les connotations critiques possibles du terme[62], mais, dans sa *Sortie d'un théâtre*, il a élevé le rire au rang d'un personnage et même du personnage « positif » de sa pièce : c'était là sa réponse à ceux qui l'accusaient de n'avoir peint que des coquins et des imbéciles.

Qui dit « comédie » ne dit pas « farce » ou « vaudeville », formes dans lesquelles, au grand mécontentement de Gogol, une fois de plus, certains acteurs du Théâtre Alexandra de Pétersbourg comme du Petit Théâtre de Moscou ont fait basculer sa pièce[63]. C'est dire cependant aussi que des éléments de farce et de vaudeville existent et sont aptes à provoquer un rire spontané, celui du public de tous les pays et même parfois des chroniqueurs. La méprise du gouverneur qui se coiffe d'une boîte en carton, les apparitions de Bobtchinski et de Dobtchinski essoufflés, la chute de Bobtchinski en même temps que la porte derrière laquelle il épiait la conversation de Khlestakov et du gouverneur, la chute (matérielle) de Khlestakov, les bousculades des fonctionnaires pris d'excès de zèle (III, 6), tout cela participe du burlesque, au moins au premier degré. Il en est de même de certains jeux verbaux : les onomatopées de Christian Ivanovitch, les méprises verbales du gouverneur (« que chacun prenne en main une rue » (I, 4), les savoureuses familiarités d'Ossip dans son monologue (II, 1), certaines des injures de Khlestakov à l'aubergiste lors de la scène du dîner (II, 6), la lecture par Anna de la lettre de son époux, griffonnée sur la note d'hôtel de Khlestakov. Plus généralement, la situation où se retrouve le gouverneur lorsque la lettre satirique du faux révizor lui est lue publiquement fait songer aux farces populaires où les trompeurs trompés sont légion. Et, dans les scènes de séduction de la femme et de la fille du gouverneur, il est incontestable que Gogol réutilise des procédés de vaudeville ou du moins de comédie légère : l'exagération dans les attitudes, les mouvements de volte-face de l'une à l'autre femme que déjà Molière n'avait pas hésité à mettre en scène dans sa tragi-comédie de *Dom Juan* (II, 2-4).

Où Gogol innove, c'est en faisant glisser le vaudeville vers la trivialité, avec la question insistante de Khlestakov à Maria : « Où allez-vous ? » que la mise en scène de Térentiev exploita en 1926-1927 jusqu'à ses dernières limites possibles, en situant une scène d'amour... dans les lieux suggérés.

Le comique proprement dit, qui comprend au demeurant tous les procédés relevés ci-dessus, le comique qui fait rire tout en donnant à réfléchir, celui qui, dans *Le Révizor* prépare l'hallucinante pétrification finale, résulte bien entendu surtout des actes et des paroles auxquels se laissent entraîner les personnages.

Les critiques ont assez analysé le comique du *Révizor*[64], en insistant d'ailleurs plutôt sur ses cibles, sociales, politiques, humaines en général ou métaphysiques (le Mal avec majuscule) ; on l'a relié à une psychologie des personnages ou, au contraire, à l'absence de toute psychologie, à une automatisation de l'être humain.

Mais, avant de nous interroger sur les significations des personnages et, partant, sur les virtualités de sens de la pièce, écoutons et croyons ce qui y est proféré. Lisons d'abord ces indications aux acteurs où le dramaturge dessine les personnages selon des attributs physiques, psychologiques et sociaux qui les stabilisent et les authentifient d'entrée de jeu. Lisons ou bien écoutons et regardons au théâtre ce que leurs paroles et leurs actes, impliqués dans des jeux de contrastes, de reflets et d'échos, nous apprennent sur ces personnages. N'oublions pas que nous sommes en présence d'une pièce de théâtre et non d'un traité, d'un pamphlet ou d'un sermon.

On pourrait juger contraignantes, au moins pour les acteurs, les indications préliminaires de Gogol. Non content de pourvoir une fois pour toutes les personnages principaux d'attributs comme l'âge, la fonction, le physique, le costume, le débit, notre auteur leur accole des épithètes psychologiques : le gouverneur, « pas bête à sa manière », Khlestakov « assez sot, une tête de linotte », « propre à rien » ; Ossip, « plus intelligent que son maître » ; Zemlianika « maladroit, mais cependant intrigant et rusé ». Le dramaturge ironise à l'occasion : ainsi précise-t-il à propos de Liapkine-Tiapkine, le juge : « Un homme qui a lu cinq ou six livres dans sa vie, ce qui lui a donné une certaine indépendance d'esprit. » Autre contrainte et embarras, pour des acteurs accoutumés à des rôles traditionnels, notre auteur rapporte tous les autres personnages non à des « emplois » mais à la vie quotidienne : « Les autres rôles n'exigent aucune explication, les modèles se trouvent presque quotidiennement sous nos yeux. » Le « presque » ferait-il la part du théâtre ?

Les premiers à apparaître dans la comédie, les notables de la ville sont, dans la didascalie externe, désignés par leur fonction administrative. Rien là de fortuit : leurs premières répliques, génératrices d'actes à venir et résultats d'actes passés, soulignent le contraste entre ces fonctions et la manière dont elles sont remplies. Le premier, le gouverneur, n'a de cesse de réparer ses « péchés » — qu'il justifie pleinement en les imputant à l'action de Dieu... — par des actes tout aussi répréhensibles, pour lesquels il se réfère à Dieu comme complice (I, 5) ! Naïveté ou diabolisme chez cet homme « pas bête à sa manière » ? Attendons pour nous prononcer, car le personnage du gouverneur ne se révèle pleinement que dans ses rapports avec Khlestakov, le faux révizor.

Il est inutile de prendre parti dans la polémique assez vaine opposant les critiques qui tiennent le gouverneur pour le personnage principal et ceux qui voient en « le révizor » ce personnage. Il est en tout cas impossible d'isoler chaque membre du couple théâtral où l'un trompe l'autre et l'autre l'un, avant que Khlestakov, qui semble l'emporter sur le gouverneur, n'ait finalement d'autre issue que la fuite. L'un se volatilise, l'autre se pétrifie : voilà qui est assez conforme à la logique de notre comédie.

En effet, avant même que le gouverneur ne rencontre Khlestakov, la fonction de révizor qu'il est prêt à reconnaître chez le jeune homme met à nu ses faiblesses de tyranneau de village : tendance à l'effroi devant les « supérieurs », à la brutalité devant les « inférieurs », satisfaction en présence du seul paraître, piété demeurée fruste, mensonge. Khlestakov, campé à l'aide de monologues, ne se révèle vraiment quant à lui que face au gouverneur. Semblable à celui-ci, il gourmande les humbles et blémit devant les plus puissants, à cette différence près qu'il tire déjà quelque hardiesse de sa qualité de « fonctionnaire pétersbourgeois » (si petit soit-il).

À partir de l'acte III, les vantardises et les flatteries du gouverneur déclenchent chez Khlestakov une mythomanie qui contaminera le premier (et sa famille).

À mesure que la pièce avance, les deux personnages incarnent l'égoïsme, la vanité et la férocité, alors même qu'ils jouent, qu'ils déploient, pourrait-on dire, une hyperthéâtralité.

Peut-être n'est-il pas si « sot », ce Khlestakov. À l'acte IV, les pots-de-vin que lui offrent les notables font perdre tout scrupule au godelureau qui réagit, non seulement par le mépris et le rire, mais par la décision de jouer jusqu'au bout le paraître de l'homme d'État. Du rôle de godelureau il « s'élève » vers celui d'imposteur, y compris en amour. Le gouverneur, honoré de l'amour que Khlestakov paraît porter à sa fille, laissera peu à peu éclater sa vanité, son mépris, sa disponibilité à la corruption face aux marchands (scènes 1 et 2), la scène 7 de l'acte V achevant de le ravaler à un « ni ceci, ni cela », tout comme Khlestakov, à cette différence près encore que le « gros imbécile » et dupeur dupé n'a même plus la ressource de fuir au moment où le gendarme annonce l'arrivée d'un vrai révizor.

Le valet de Khlestakov, Ossip, s'était en effet chargé d'inciter son maître au départ alors qu'il en était encore temps. Que les personnages principaux n'effacent pas les figures qui les entourent, même si la didascalie les présente comme des types ! Annonçant au spectateur l'arrivée de son maître et le portraiturant avec autant de naïveté populaire que de lucidité, Ossip rappelle le Sganarelle de *Dom Juan* ; il n'en a pas moins ses préoccupations propres : surtout trouver de quoi manger, ce qui l'incline à la plus grande discrétion quand on l'interroge sur son maître (III, 10), ce qui le rend prêt à toutes les ruses possibles. Représente-t-il le paysan russe[65] ? Sans doute Gogol, comme Molière, et non comme un romancier pastoral, s'est-il heurté momentanément à un dilemme bien connu des écrivains « rustiques » : restituer le parler paysan tout en le rendant de façon intelligible. Ossip n'en a pas moins ici une fonction capitale : rappeler son maître au « bon sens ».

Il n'en est pas de même des personnages qui gravitent autour du gouverneur et qui contribuent à son double mouvement de plongée dans la corruption et de montée dans la mégalomanie. Les « scènes de pots-de-vin », par leur caractère répétitif où l'un, Khlestakov, prend, et l'autre, le fonctionnaire, donne, soulignent l'embourbement du gouverneur et de sa ville. Est-ce à dire qu'on puisse mettre sur le même plan le juge, fier de sa fonction et de son grade et que font trembler quelques derniers scrupules, le directeur des postes, acquiesçant à tout ce que dit Khlestakov, l'inspecteur des écoles, tremblant et hésitant, et le surveillant des établissements de bienfaisance qui ne trouve rien de mieux, pour se mettre en évidence, que la critique et la délation de ses « amis » ? Tout l'art de Gogol, souvent mal saisi dans ces scènes est, semble-t-il, dans l'équilibre qu'il réalise entre répétition et variation, typisation et différenciation.

Bobtchinski et Dobtchinski — assoiffés avant tout de renom, comme on l'a déjà vu — encouragent plutôt les tendances mégalomanes du gouverneur, le maintiennent comme eux-mêmes dans l'éblouissement du mythe de Pétersbourg, jusqu'à un même aveuglement. Lui, le chef, il s'est abaissé à leur niveau. Lui, le père de famille, il s'est abaissé aussi au niveau de ses deux coquettes de femme et de fille, Anna et Maria.

Des deux personnages féminins, seule Anna est déjà caractérisée dans les « Notes pour MM. les acteurs » comme une « coquette de province », lectrice de romans et d'albums, « curieuse », vaniteuse à l'occasion ».

Le Révizor n'ayant pas l'amour comme ressort essentiel, ou comme l'un de ses ressorts essentiels, on ne s'étonnera pas que le rôle de ces personnages y soit restreint à quelques scènes et même s'efface durant une grande partie de la comédie. Ces rôles féminins sont pourtant bien présents, face à Khlestakov, dont ils révèlent le cynisme. Comme l'annoncent les « Notes » citées plus haut, c'est le personnage de la mère qui s'exprime... voire s'épanche le plus. En fait, le peu de paroles que prononce Maria est le plus souvent à mettre en balance avec la volubilité de sa mère. Les deux femmes montrent la même curiosité provinciale envers l'homme de la capitale, avant de s'extasier sur sa belle tournure. Elles rivalisent de soins à lui plaire : recherche vestimentaire, compliments. Elles se rejoignent dans l'ignorance et dans la naïveté de leurs propos... à moins que la mère ne surpasse la fille ! C'est en effet la fille qui corrige l'ignorance de la mère lorsque celle-ci félicite Khlestakov qui affirme être l'auteur, entre autres œuvres, de *Iouri Miroslavski* (III, 6). C'est la mère qui trouve le mot de la fin le plus naïf après la fuite de Khlestakov : « Mais tout cela est impossible, Antocha ! Il s'est fiancé à Machenka ! » (V, 7). Toutes les paroles d'Anna, se succédant au rythme d'une surexcitation qui répond à la « cour » que lui fait un homme jeune, « mignon » et pétersbourgeois, puis à l'honneur qu'il lui rend en demandant sa fille en mariage — puisqu'elle-même est « en quelque sorte mariée » — reflètent-ils quelque image conventionnelle de la femme ou le respect crédule du rang et les rêves de grandeur de son propre époux ?

Le Révizor, œuvre ouverte.

Après le « comment », le « pourquoi ». Sinon le lecteur ou le spectateur de la pièce, du moins le critique ne peut négliger ni passer sous silence les principales interprétations déjà émises sur *Le Révizor*, avant d'en suggérer les significations *possibles*.

Si, eu égard à son dénouement « pétrifiant » et aux thèmes dont les personnages sont les supports et les révélateurs, on exclut l'interprétation de l'ensemble de la pièce comme une farce ou un vaudeville[66], que signifie *Le Révizor* ?

L'histoire de la réception du *Révizor* en Russie, tsariste et soviétique, ainsi qu'en France, permet d'apprécier la multiplicité des significations dont on peut doter la pièce. « Vraies » ou « fausses » ? Sans doute en est-il qui, par leur aspect univoque, exclusif, dogmatique sont sujettes à caution, mais *toutes* ces significations ont pu et peuvent encore se justifier, pour peu qu'on garde le goût de la nuance et qu'on ne perde pas de vue l'identité générique de la pièce : une comédie. Le sous-titre, des témoignages contemporains de la main de Gogol (*La Sortie d'un théâtre,* des lettres) sont là pour nous le rappeler. Et pourtant ce n'est que depuis 1970 environ qu'on tient compte à la fois de cette identité et d'une pluralité de sens possibles du *Révizor*. La pièce a donné lieu, au cours de l'histoire, à cinq grands types d'interprétations : sociologiques, morales, psychologiques, métaphysiques et esthétiques. Ou, si l'on veut, ont été privilégiés des facteurs objectifs, subjectifs, transcendants ou strictement langagiers. Ces interprétations connurent des variantes qui apparurent, se transmirent, persistèrent ou non, au gré des courants littéraires, critiques, politiques même, au gré des écrivains, des critiques, des traducteurs, des metteurs en scène et de tous les intermédiaires de ces interprétations.

Jusque dans les années 1890 — où certains la contestèrent radicalement[67] — dominait une interprétation sociologique de l'œuvre tout entière de Gogol et du *Révizor* en particulier. À cette interprétation étaient parfois associés des harmoniques moraux et psychologiques, mais elle constituait un véritable canon, voire le seul. Ce canon a traversé le temps, avec ses variantes historiques, même s'il coexiste avec d'autres.

Le Révizor propose-t-il une peinture, un « miroir » même, des mœurs provinciales russes, des abus de l'administration russe tout entière ou de la société russe dans son ensemble au temps de Nicolas Ier ? Cette première interprétation « réaliste » du *Révizor* dont ne varient que les cibles immédiates s'est développée en Russie grâce à des critiques libéraux occidentalistes comme Biélinski. Dès ses premiers échos, Biélinski, rappelons-le, salue Gogol comme le fondateur d'un théâtre national réaliste, et ce réalisme exclut à ses yeux toute orientation satirique[68]. Dans son célèbre article de 1840 sur *Le Malheur d'avoir de l'esprit,* et sur l'ensemble de la comédie russe[69], il va plus loin. Pour le critique, qui refuse désormais lui-même toute complaisance envers la réalité, *Le Révizor* est non seulement l'œuvre d'un « poète de la vie réelle », mais celle d'un peintre lucide et critique des tares de la vie sociale russe, de tout ce qui y reflète les limites du monde, ses aspects négatifs. Est-ce à dire que Biélinski attribue quelque intention politique à l'auteur du *Révizor* ? Les derniers articles du critique distinguèrent bien chez Gogol vision lucide mais partielle de la société, portée subversive et inconscience du but.

En effet, ce n'est pas la variété des cibles qui prêta le plus à controverses, au sein même de cette interprétation, mais le but poursuivi par l'écrivain. Jusqu'à l'avènement de la critique marxiste, *Le Révizor* fut tour à tour « satire », avec toute la gamme possible des qualificatifs — de la satire amusante de mœurs provinciales qu'y voyaient nombre de chroniqueurs théâtraux russes et étrangers, à la « sanglante » satire de la société russe de Nicolas Ier perçue par Louis Léger [70], en passant par la satire « amère et violente » des vices de l'administration russe qu'y lisait Mérimée [71] — comédie accusatrice voire, pour un Herzen, protestation politique contre le régime de Nicolas Ier en même temps que terrible confession de la Russie contemporaine [72] ou, inversement, auxiliaire du souverain dans sa lutte contre la corruption, comme en témoignerait, au dénouement de la pièce, l'arrivée d'un gendarme *deus ex machina*, comme l'auraient confirmé les applaudissements du tsar. Entre le Gogol révolutionnaire de Herzen et le Gogol conservateur de Mérimée ou de Kotliarevski [73] voire de certains critiques soviétiques des années 1950 [74] ou le Gogol adepte du despotisme éclairé [75], on a déjà l'embarras du choix, selon qu'on met l'accent sur tel aspect de l'œuvre ou sur tel témoignage externe. Faut-il se fonder, compte tenu de certains types présents dans *Le Révizor* et de références à des grades réels de la hiérarchie administrative russe, sur une pièce avortée comme *La Croix de Saint-Vladimir* pour expliquer les réticences de Gogol à cause de la censure, ou, au contraire, alléguer le dénouement, l'attitude du tsar, *La Sortie d'un théâtre* où Gogol se défend de toute tentative de subversion, et expliquer les audaces de notre auteur par de bonnes protections à la Cour ?

La critique marxiste du *Révizor* — née en Russie vers le début du XXe siècle avec les sociologues dits « vulgaires », déterministes[76] — hésita durant des décennies entre diverses tendances : interpréter la pièce comme le reflet de l'idéologie de la petite noblesse, antibourgeoise et soucieuse de moralité ; ou, dans les années 1930, comme une œuvre double, réaliste dans ses représentations de personnages et révolutionnaire par sa portée, mais à vocation conservatrice ; ou encore, vers 1950, un « microcosme » où l'auteur dénonce tout le régime tsariste, le mensonge de toute une société, seule la censure l'ayant empêché de s'en prendre aux hauts fonctionnaires. Les tenants de cette vision du *Révizor* comme œuvre d'un écrivain réaliste, patriote et démocrate, tels, en U.R.S.S., Khraptchenko ou Ermilov, en France, Elsa Triolet[77] invoquent surtout l'épigraphe et le discours final du gouverneur. S'appuyant sur les mêmes preuves, un critique important, Goukovski préférait, lui, au terme de « démocrate » celui de « libéral » au sens où on l'employait à l'époque de Gogol[78] : le moralisme de Gogol aurait limité son réalisme critique, il n'aurait pas expliqué la méprise des fonctionnaires. Au gré des critiques de ce groupe, la place de Khlestakov dans le tableau va de simple révélateur à une personnification de la capitale, Pétersbourg, aussi attaquée que la périphérie de l'empire russe (Goukovski insiste sur cette dimension et nous avons pu voir que les arguments internes ne manquent pas à cette interprétation, même si celle-ci peut ne pas suffire). Certains critiques marxistes ne nient pas pour autant l'existence, dans cette comédie réaliste, accusatrice et satirique, d'une dynamique du malentendu liée au vaudeville[79].

Mais en Russie et surtout à l'étranger, cette interprétation sociologique du *Révizor* a été souvent étendue à l'administration de tous les pays, à des abus, comme la corruption, l'incurie, la préférence accordée au paraître sur l'être. Alors *Le Révizor* a pu et peut encore se voir érigé en comédie « éternelle » et « universelle » ou en satire de l'humanité entière et non plus en miroir d'une société révolue et étrangère. Ce type d'interprétation fut représenté en France comme en Russie par de nombreux chroniqueurs de théâtre, à toutes les époques, y compris par Elsa Triolet qui, en 1948, reprocha à André Barsacq, traducteur et metteur en scène du *Révizor* de n'avoir pas réussi à élever les personnages au rang de types universels[80].

C'était là rejoindre en partie un second grand type d'interprétations qui, tantôt s'associe au premier, tantôt prime sur lui : une interprétation morale. Cette interprétation eut ses partisans en Russie comme en France : selon ces commentateurs — du prince Viazemski, déjà cité, au traducteur Henri Mongault[81], Gogol a écrit *Le Révizor* afin de corriger les vices, la laideur morale qui règne dans la vie sociale. Dans cette lignée, d'autres critiques importants ont vu dans le scalpel d'anatomiste de Gogol une façon, moins de corriger que de promouvoir un idéal, une « vérité poétique » : tels sont, en Russie Apollon Grigoriev[82], en France Teodor de Wyzewa (bien que ce dernier fasse davantage du *Révizor* le produit d'une tension chez Gogol entre « une haute mission de moraliste » et « un talent d'observation et d'imitation[83] »).

Cette image de Gogol moraliste, médecin des âmes s'est combinée aussi bien avec celle du réformateur, auxiliaire du gouvernement, qu'avec celle du révolutionnaire s'attachant à extirper à la fois le mal moral et les discordances sociales dont ce mal émanerait.

Que les personnages du *Révizor* et l'univers qu'ils produisent correspondent à une typologie à la fois sociale et morale, ou purement morale ne met nullement en cause, dans l'optique évoquée, leur réalisme, l'objectivité dont on a souvent crédité Gogol.

Ce réalisme moral ou social commença à être radicalement rejeté par les symbolistes russes qui fondèrent deux nouveaux canons d'interprétation, coexistants ou distincts selon les auteurs : l'interprétation du *Révizor* — et d'ailleurs des autres œuvres de Gogol — comme la projection du seul psychisme, ou du moins avant tout, de la subjectivité de l'écrivain ; la vision de cette pièce, non pas comme une comédie, mais comme un véritable drame métaphysique ou un mystère religieux.

C'est le poète et critique Vassili Rozanov qui, en 1891, récusa chez Gogol toute objectivité, tout réalisme, voire tout humanisme, toute humanité même [84] et ainsi entraîna une partie de la critique à comprendre notre pièce comme une confession de son auteur. Toutefois, de Rozanov au Français Hubert Juin [85], en passant par divers psychiatres, psychanalystes et autres psychologues, russes ou étrangers, le psychisme de Gogol fut diversement interprété et évalué et, dès lors, la projection qu'en offre *Le Révizor* et plus particulièrement le personnage de Khlestakov. Autant dire que la biographie de Gogol fut mise à contribution, non sans excès ! Ce ne fut pas le cas des Russes qui, tentant un diagnostic psycho-pathologique de Gogol, selon la théorie de Lombroso, opposent chez notre auteur l'esprit, peu cultivé, et l'intuition, pénétrante voire géniale [86]. Ce n'est pas non plus le cas d'un Boris de Schloezer qui, en 1942, sans nier la portée sociale des œuvres de Gogol les rapporte au besoin inconscient de l' « âme morte » que l'écrivain aurait été de « réduire, dégrader l'être humain [87] », ni même d'un Hubert Juin qui, s'appuyant sur des lettres de Gogol, fonctionnaire à Pétersbourg, analyse Khlestakov comme une incarnation de l'auteur du *Révizor* à ce moment-là. En revanche, c'est sur un indice assez passager et discutable qu'Igor Térentiev a pu, en 1927, édifier toute une mise en scène du *Révizor*, inspirée de l'interprétation freudienne : il s'agissait de transmettre au spectateur l'image d'un Gogol « érotique anal », chez qui l'érotique et le scatologique font bon voisinage [88] !

S'appuyant lui aussi en grande partie sur la biographie de Gogol, l'écrivain Dmitri Mérejkovski inaugura un canon interprétatif à succès, repris assez complaisamment en France, depuis des théologiens émigrés jusqu'à des critiques catholiques et aux États-Unis par un Vladimir Nabokov. Le *Gogol et le Diable* de Mérejkovski[89] se déploie à partir de ce que le critique estime être le moteur essentiel de la vie et de l'œuvre de Gogol : le combat contre Satan. Dans cette perspective, Mérejkovski — et il sera suivi par ses disciples — hausse à une stature encore inégalée le personnage de Khlestakov, devenu hypostase de Satan. Le faux « révizor » n'est-il pas doté des principaux attributs de la suprême incarnation du mal métaphysique : imposture, mensonge, platitude, légèreté, goût du plaisir, tendance à l'autodivinisation, omniprésence (« Je suis partout ! », s'écrie Khlestakov), envol final vers le néant dont l'image de la troïka serait ici l'expression ?

Peut-être était-ce forcer le texte, sans que ces significations fussent absurdes en tant que connotations possibles (à partir, par exemple des propos d'Artémy Philippovitch à la scène 7 de l'acte V : « C'est comme si un brouillard était tombé sur moi... Le diable a tout embrouillé »). Mais Mérejkovski, suivant en cela Dostoïevski dont il amplifiait les suggestions[90], ne rejetait pas, quant à lui, toute référence réaliste à la pièce ni toute portée nationale russe : ainsi il ne refusait pas au *Révizor* un « sens manifeste », celui d'une peinture de la province russe des années 1820, ni, à travers les personnages du faux et du vrai révizor une critique de la période « pétersbourgeoise » de l'histoire russe[91].

Jacques Madaule, en 1948[92], Henri Troyat, en 1971, s'inspirèrent des interprétations à la fois allégoriques et réalistes du *Révizor,* en accordant, comme leur modèle Mérejkovski, la primauté aux premières. Henri Troyat voit en outre en Khlestakov une projection de la mythomanie de Gogol lui-même[93].

Vladimir Nabokov, dans son célèbre *Nikolaï Gogol* (1948) et, en 1961, le théologien orthodoxe Paul Evdokimov, condamnèrent radicalement et même violemment, quant à eux, les principaux porte-parole de l'interprétation sociologique et réaliste de la pièce (Biélinski, Tchernychevski). Cette pièce devint, sous leur plume — plus encore qu'une œuvre de dérision contre le diable — parabole métaphysique, à travers des personnages « irréels », de la stratégie du Mal dans l'univers. Autres différences avec Mérejkovski : Nabokov fonde l' « irréalité » des personnages sur le caractère générateur du rêve et du mot, au sein de la pièce comme texte (c'est la partie la plus intéressante et la plus originale du livre[94]) ; Evdokimov, dans son optique exclusivement théologique, s'appuie sur le dénouement du *Révizor* pour attribuer à la pièce la signification plus optimiste d' « attente mystique du miracle[95] ».

Aucun des types d'interprétations très précis que je viens de signaler, n'est en lui-même à repousser en bloc. Rien ne prouve que Gogol n'ait pas songé aux significations auxquelles ils correspondent. De surcroît, rien ne prouve l'absence, chez Gogol, d'une part subconsciente de l'activité créatrice qui aurait débordé voire contredit ses intentions. Où ces types d'interprétations sont critiquables — et non faux — c'est par leur tendance à réduire *Le Révizor* à un message, que celui-ci soit social, politique, ou à une confession ; par leur tendance à faire passer au second plan, quand ils ne l'oublient pas, le caractère littéraire et plus particulièrement théâtral voire comique de l'œuvre[96].

Certes, par réaction, on se mit aussi parfois à présenter *Le Révizor* comme en tout premier lieu un « jeu artistique », un travail sur la forme. Ce fut surtout le propre, à partir des années 1920, des formalistes russes[97]. Ainsi Boris Eikhembaum rapproche la fin du *Manteau* de la « scène muette » du *Révizor* comme « apothéose du grotesque[98] ». Youri Tynianov voit dans le masque le procédé fondamental qu'ait utilisé Gogol, procédé pouvant être modelé par des métaphores, des jeux phonétiques : la paronomase entre Bobtchinski et Dobtchinski en serait la parfaite illustration[99]. Boris de Schloezer, dans la dernière réédition de son *Gogol* admet, lui, la possibilité de tenir pour réalistes des œuvres comme *Le Révizor*, mais il insiste plutôt sur la part du jeu et de la griserie verbale qui a pu générer la comédie. Il invite à voir en Khlestakov, non un menteur mais un substitut de Gogol lui-même, poète enivré de ses propres discours [100].

Toutefois, grâce au développement des recherches des critiques et des metteurs en scène sur le grotesque, puis grâce à un recul du dogmatisme critique face au phénomène de la littérarité, *Le Révizor* est peu à peu apparu comme une œuvre à multiples facettes, voire comme une « œuvre ouverte » même si, convenons-en, cette ouverture n'est pas illimitée [101]. Les personnages du *Révizor*, leurs fonctions et leurs grades, les lieux évoqués — la petite ville de province où se situe l'action et le mythe pétersbourgeois auquel elle renvoie — ne peuvent être saturés de sens à loisir.

Aussi bien, assez nombreux furent d'abord les metteurs en scène et les critiques russes qui tentèrent d'y représenter ou d'y démontrer l'existence de deux veines : une veine « réaliste », en relation avec la localisation, les mœurs administratives et les types, au moins tels qu'ils sont annoncés par le dramaturge, et une veine « grotesque » et/ou fantastique, incluant le rire, voire l'absurde, mais pouvant aussi ouvrir sur des profondeurs… à apprécier. Cette vision du *Révizor* est née dès les années 1920, avec les grands metteurs en scène, Constantin Stanislavski et surtout Vsévolod Meyerhold qui montèrent *Le Révizor* respectivement en 1921 et en 1926. Stanislavski dote déjà les personnages d'un grotesque mordant afin de mettre en évidence la catastrophe, la « fin d'un monde » que pourrait annoncer la pièce. Dans la mise en scène de Meyerhold, véritable ré-écriture du *Révizor*, qui intègre des passages ou des personnages d'autres œuvres de Gogol, le réalisme le plus truculent, à la Brueghel, s'entrelace avec le grotesque, l'absurde et le fantastique. Ainsi, dans sa réponse à certains griefs lancés contre lui (grief de « mysticisme » notamment), Meyerhold interprète la petite ville comme un reflet de la capitale, Pétersbourg, ce qui expliquerait le fantastique comme l'absurde qui en émanent[102]. L'écrivain Biély, favorable à la mise en scène de Meyerhold, lui sut gré d'avoir rendu au *Révizor* son vrai genre : celui d'une tragicomédie, renouant avec la tragédie antique dionysiaque[103].

Bien plus tard, en France, en 1948, André Barsacq traduisit et fit représenter *Le Révizor* dans un esprit semblable, conciliant trois courants d'interprétation de la pièce, « âpre satire sociale », galerie de masques symboliques et image de « l'éternelle condition humaine[104] ».

De plus en plus, en France comme en U.R.S.S., on réhabilite le rire gogolien, y compris dans son utilisation de procédés de gros comique. Ainsi pour Nina Gourfinkel, *Le Révizor* manifeste un réalisme à « miroirs déformants » d'où surgit le sentiment de l'absurdité des assises de l'empire[105]. Et les personnages, issus de la vie quotidienne seraient aussi des pantins, dans la mesure où Gogol les voyait *sub specie theatri* : c'était déjà une lecture très moderne de notre pièce !

Vers la fin des années 1960 et au début des années 1970, on se montre de plus en plus sensible au jeu pratiqué par Gogol sur la réalité. Il en est ainsi de Youri Mann qui déclare impossible un type d'inspection comparable dans la Russie de l'époque mais qui n'en analyse pas moins le rôle de révélateur de cette inspection[106]. En 1972, de nouveaux metteurs en scène soviétiques, Valentin Ploutchek et Gueorgui Tovstogonov, tout convaincus qu'ils sont du réalisme de la pièce, en restaurent les dimensions comiques, grotesques et fantastiques, oubliées durant la période stalinienne. Tovstogonov parle même d'un « réalisme fantastique » de l'action de la pièce, mécanisme qui transforme un vaurien en un redoutable rouage du système et qui exhibe l'anomalie fondamentale d'un régime ressenti comme une réalité normale[107].

Enfin, vers 1975, en U.R.S.S. comme en Occident, sans que lui fussent niés tout réalisme ni toute signification extra-littéraire, *Le Révizor* fut reconsidéré en fonction de la richesse de ses virtualités, de son « potentiel de significations [108] ». Ouvrage à plans multiples, « polyèdre », aux types à la fois nés d'une époque et d'un milieu concrets, et symboliques, tel devint *Le Révizor* [109]. Partout, on renouvela [110] l'interprétation originale de la petite ville de province comme « ville-cosmos », « microcosme » que le symboliste Viatcheslav Ivanov avait défendue beaucoup plus tôt, en 1927, mais qui était restée sans grande audience [111]. André Siniavski, relayé par Donald Fanger [112], ouvre pour ses lecteurs les divers tiroirs de ce « coffret à musique » que serait *Le Révizor* et célèbre avec brio et enthousiasme cette fête de la théâtralité qu'il représenterait avant tout. Tout le monde n'y « joue »-t-il pas ?

En France, Antoine Vitez — dans le sillage de Meyerhold — réalisa en 1980 une mise en scène du *Révizor* où l'on put apprécier cette recherche d'une synthèse des virtualités de l'œuvre, c'est-à-dire où vaudeville, satire des mœurs, théâtre politique, atmosphère fantastique et dimension métaphysique se fondent ou s'entrelacent. Où est en effet la frontière entre « le problème du pouvoir et de l'imposture en général et celui du pouvoir comme imposture [113] » ? Qui est ce Khlestakov venu troubler le monde administratif et le révéler du même coup ? Un étranger ? Le diable ? Rien ? Toutes les hypothèses sont permises. Du point de vue scénique, Vitez, par le choix d'un décor de miroirs désintégrants et démultipliants, l'emploi de mannequins et l'hyperthéâtralité du jeu des acteurs, propose la vision encore peu répandue d'une pièce ouverte, dont le sens ne se transmet pas mais se recrée selon la disponibilité et la personnalité du spectateur. C'était encore déroutant pour le spectateur français (moyen) de 1980 [114] !

Peut-être *Le Révizor*, comme l'ensemble de l'œuvre de Gogol, comme l'homme Gogol, demeure-t-il une énigme, à accepter comme telle. *Le Révizor* a d'abord eu pour source un scénario plaisant, dont Gogol a pu trouver des corrélats dans la réalité sociale de son temps, même s'il fut entraîné, dans et par son écriture, vers des échappées symboliques, même s'il y projeta son propre moi. Ni traité de théologie orthodoxe ou marxiste, ni journal intime, *Le Révizor* est avant tout une œuvre littéraire, donc irréductible à quelque signification univoque ni à ses seules virtualités de sens. C'est aussi et surtout, même si elle confine au tragique par ses implications, une « comédie en cinq actes ».

Claude De Grève.

NOTES

1. *Le Mariage* (ou *Hyménée*) fut représenté au Vieux-Colombier en 1923, par une troupe belge, dans une traduction du Français Denis Roche et au Théâtre du Tertre en 1961 (même traduction).

2. D'après une lettre de son traducteur, Eugène Moreau, envoyée bien plus tard, en 1874, à Francisque Sarcey qui l'évoque dans *Le Temps*.

3. *L'Inspecteur général*, dans *Les Deux Héritages,* Paris, Lévy, 1853.

4. Voir la dernière partie de la présente introduction.

5. Voir des critiques comme Eugène-Melchior de Vogüé, dans *Le Roman russe* (1886), et plus tard Robert Kemp, dans ses chroniques théâtrales sur les mises en scène de Meyerhold (1930, à Paris) et André Barsacq (1948).

6. Dans sa traduction du *Révizor,* il conserve des mots comme « labardane » (aiglefin ou cabillaud). Sur cette traduction, voir Henri Mongault, Introduction aux *Études de littérature russe* de Mérimée, Paris, Champion, 1931, t. II.

7. Paris, Gallimard, Coll. Le Manteau d'Arlequin. Voir aussi sa préface.

8. Sigle russe de « Nouvelle Politique Économique » : désigne une ère de libéralisme relatif qui suivit le « communisme de guerre » et qui dura de 1924 à 1928 environ.

9. Voir, par exemple, l'article de Mérimée sur Tourguéniev, « La littérature et le servage », dans la *Revue des Deux Mondes,* 1er juillet 1854.

10. Voir Serge Aksakov, *Istorija moevo znakomstva s Gogoljem (Histoire de mes relations avec Gogol),* Moscou, Académie des sciences, 1960 (écrit en 1854, publié pour la première fois en 1890).

11. Voir Paul Annenkov, *Literaturnie Vospominanija (Souvenirs littéraires),* Moscou, Littérature artistique, 1960, p. 153 (rédigé entre 1852 et 1856).

12. *Ouv. cité,* p. 193.

13. *Ouv. cité,* p. 15.

14. Voir *Istoričeskij Vestnik (Le Messager historique),* septembre 1883, p. 736. Trad. fr. de la citation, empruntée à Henri Troyat, *Gogol,* Paris, Flammarion, 1971, p. 197. On peut lire dans cette biographie de Gogol par Troyat un récit vivant et détaillé de la « première » du *Révizor* et de l'accueil qui lui fut réservé.

15. Vissarion Biélinski (1810-1848), critique occidentaliste. Il exerça une influence considérable et durable sur la critique en Russie tsariste et soviétique : d'abord hégélien, il devint progressivement adversaire radical du régime de Nicolas Ier. Il défendit en Gogol le fondateur de la prose nationale russe, malgré ses réserves quant à Gogol penseur.

16. Il exprima sa déception, le 25 mai 1836, dans sa « lettre à un écrivain » (en fait Pouchkine), non envoyée et ajoutée en 1843 à titre de fragment aux *Œuvres complètes.* Voir *Polnoe sobranié sočinenij,* Moscou, Académie des sciences, t. IV, pp. 99-104.

17. Voir N. S. Tikhonravov, « Pervoe prestavlenie *Revizora* v Moskve » (« La première du *Révizor* à Moscou »), dans *Sočinienija (Œuvres),* Moscou, M. et S. Sabachnikov, t. 3, pp. 560-584.

18. Voir N. V. Gogol, *Sobranie Sočinienij v 4 tomakh (Œuvres complètes en 4 tomes),* t. IV, pp. 97-110.

19. *Id.,* p. 100.

20. *Id.,* p. 101.

21. Respectivement de 1825 (publié en 1831), 1823 (1re représentation posthume en 1831) et de 1782.

22. Voir Griboïedov, Pouchkine, Lermontov, *Œuvres,* Paris, Gallimard, Bibliothèque de la Pléiade, 1973, notice de Maurice Colin, p. 1144.

23. Art. cité, *ouv. cité,* p. 101.

24. *Id.,* p. 102.

25. Eugène Scribe (1791-1861), célèbre auteur de vaudevilles tels que *Le Ménage de garçon* (1821), *L'Héritière* (1823), *Les Premières Amours* (1825), etc.

26. Alexandre Chakhovskoï (1777-1861), auteur de plus de cent pièces, vaudevilles, pièces historiques, adaptations d'auteurs occidentaux. Sa comédie *Le Nouveau Sterne* (1805), dirigée contre le courant sentimental, représenté en Russie par Karamzine, fut particulièrement appréciée.

27. *Ouv. cités* ci-dessus. Voir, par exemple, S. Aksakov, p. 15.

28. Vaudeville inspiré de la vie paysanne russe.

29. D'après la lettre à un écrivain (voir note 16).

30. Voir ci-dessous.

31. « Neskol'ko slov o *Sovremennike* » (« Quelques mots sur *Le Contemporain* »), dans *Molva,* 1836, t. XII, n° 7, pp. 167-178; Repris dans *Polnoe Sobranie Sočinienij (Œuvres complètes),* Moscou, Académie des sciences, 1953, t. II, pp. 171-179.

32. Pierre Viazemski pouvait être qualifié de noble libéral. Voir son article dans *Polnoe Sobranie Sočinienij (Œuvres complètes),* Saint-Pétersbourg, S. D. Chérémétiev, 1876-1886, t. VII, pp. 258 et suiv.

33. *La Sortie d'un théâtre,* dans Nicolas Gogol, *Œuvres complètes,* Paris, Gallimard, Bibliothèque de la Pléiade, pp. 1051-1108.

34. Voir *La Confession d'un auteur,* dans *Œuvres complètes* (Pléiade), pp. 1733-1774; p. 1750. Ce texte fut écrit en 1847 et publié en 1857. D'après ce texte, l'objet d'étude de Gogol était la vie, l'homme.

35. Ce fut le cas de Boulgarine et de Senkovski, critiques officiels.

36. Pour le détail des sources possibles mais non prouvées, voir Nicolas Evreinov, *Histoire du théâtre russe,* Paris, Édition du Chêne, 1947, pp. 260-270.

37. *Ouv. cité,* p. 1742.

38. Voir, par exemple, la lettre du 2 avril 1830 à sa mère où il évoque le théâtre comme son plaisir préféré (auquel il doit renoncer étant donné la médiocrité de ses appointements d'employé), dans *Polnoe Sobranié Sočinienij* (ouv. cité).

39. Voir lettre à G. I. Vissotski du 19 mars 1827, dans *Polnoe...,* t. X, pp. 84-88.

40. *Ibid.*

41. Florian (1755-1794) était connu en Russie, non seulement par ses fables mais par ses comédies et ses arlequinades.

42. Auparavant il avait publié une idylle romantique, *Hans Küchelgarten.* L'insuccès de cette œuvre le poussa à en brûler tous les exemplaires.

43. Il rencontra Pouchkine pour la première fois en 1831.

44. Voir Henri Troyat, *ouv. cité,* p. 129.

45. Voir *Polnoe...* (ouv. cité), t. X, p. 262.

46. *Arabesques* contient déjà quelques nouvelles qui deviendront célèbres : *La Perspective Nevski, Le Journal d'un fou, Le Portrait* (1re version).

47. *Polnoe...* (ouv. cité), t. X, pp. 374-375.

48. Voir la revue *Russkij Arkhiv (Les Archives russes)*, 1865, n° 2, pp. 1203-1239. Réédités en 1931, « Academia ». V. Sologoub était un peintre de mœurs provinciales.

49. Pour le détail des différents états du texte, le russisant pourra se reporter au tome IV des *Œuvres complètes* en russe, pp. 139-516.

50. L'intendant-général n'était pas un inspecteur du gouvernement central mais le fonctionnaire le plus élevé de l'administration locale, dans une province.

51. Voir la revendication de cet aspect dans *La Sortie d'un théâtre* (ouv. cité), p. 1057. Un personnage dit : « Maintenant, un drame est plus fortement noué par le désir d'obtenir un poste lucratif, de briller et d'éclipser quelqu'un d'autre à n'importe quel prix, de se venger d'avoir été méprisé, raillé. » Ce personnage, porte-parole des idées de Gogol, poursuit : « Non, une comédie doit se nouer d'elle-même, de toute sa masse, pour ne faire qu'un seul grand nœud total » (à la différence d'une intrigue amoureuse « petit nœud dans un coin du mouchoir »), p. 1058. Dans *Une confession d'auteur*, *Le Révizor* est défini comme un assemblage de « toutes les injustices qui se commettent dans les emplois et dans les circonstances où l'on doit exiger de l'homme le maximum de justice », p. 1742.

52. Qui seront évoqués par la suite.

53. Personnages du *Mariage de Figaro* de Beaumarchais et du *Malheur d'avoir de l'esprit* de Griboïedov.

54. Voir Al. Ivanov (Prince Ouroussov), dans *Poriadok (L'Ordre)*, n° 28. Gogol demanda une cage avec des canaris et une bouteille sur le rebord de la fenêtre.

55. Voir ci-dessus.

56. *Polnoe...*, t. XI, pp. 37-39.

57. *Id.*, pp. 44-46.

58. Voir les nouvelles mentionnées, note 46.

59. C'est moi qui souligne.

60. Voir de I. Vychnievskaïa, des articles publiés dans la revue *Teatr* (avril 1959, pp. 69-77, 1971, n° 2, pp. 92-104) et son livre *Gogol i jevo komediy (Gogol et ses comédies)*, Moscou, Académie des sciences, 1976 ; de V. Koulechov, un article publié dans *Teatr*, 1967, n° 7, pp. 12-17 ; de Y. Mann, le livre *Komedija Gogolja (La Comédie de Gogol)*, Moscou-Leningrad. Littérature artistique, 1966.

61. Voir, par exemple, Boris de Schloezer, dans *Gogol*, Paris, Plon, 1932 et Paris, Janin, 1946. L'édition de 1972, refondue (Paris, L'Herne), propose un autre type d'interprétation.

62. Dans sa *Confession d'auteur* (ouv. cité, p. 1740), dans ses lettres à Chtchepkine du 29 avril 1836 et à Pogodine du 15 mai 1836.

63. Par exemple, Diour dans le rôle de Khlestakov (voir « lettre à un écrivain », *ouv. cité*).

64. En dehors de périodes comme la période « symboliste » (à quelques exceptions près, tel Viatcheslav Ivanov) et la période stalinienne des années 1930, soucieuses de psychologie, de transcendance ou d'idéologie.

65. Les querelles ne manquent pas dès l'époque « post-gogolienne » sur l'authenticité du personnage d'Ossip comme type du paysan russe (Pour le démocrate-révolutionnaire Pisariev, les paysans gogoliens sont vivants mais décrits superficiellement). Khraptchenko, en 1936, remit la question à l'ordre du jour, à l'avantage de Gogol *(Gogol)*.

66. Ce fut le cas de Boulgarine et de Senkovski mais aussi de quelques chroniqueurs français de 1854 (Voir Charles Corbet, « Le *Révizor* devant la critique journalistique parisienne », dans *Revue de littérature comparée,* 1959, t. III, pp. 481-499).

67. Voir ci-dessous.

68. C'est de façon erronée qu'on s'est, par la suite, réclamé de Biélinski, en faisant du *Révizor* une « satire » (Voir article « L'acteur comprit le poète », dans les *Œuvres complètes* de Biélinski, en russe, t. II, pp. 391-397 ; p. 396).

69. Voir *Œuvres complètes* (en russe), t. III, pp. 420-486.

70. *Nicolas Gogol,* Paris, Didier, 1913.

71. Voir l'article « La littérature en Russie. Nicolas Gogol », dans *Revue des Deux Mondes,* novembre 1851, t. XII, pp. 627-650, (repris dans *Études de littérature russe,* ouv. cité, t. I, pp. 3-50).

72. Voir *Du développement des idées révolutionnaires en Russie,* Paris, Librairie A. Franc, 1851.

73. *N. V. Gogol 1829-1842.* Saint-Pétersbourg, 1903 (rééd. 1908, 1911).

74. *Tvorčestvo N. V. Gogolja (L'œuvre de Gogol)* de Pospielov, Moscou, Éd. du ministère de la Culture, 1953.

75. Tel Venguerov, dans « Pisatel' grajdanin » (« écrivain citoyen »), 1902, dans *Sobranie Sočinienij (Œuvres choisies),* Saint-Pétersbourg, Prométhée, 1913, t. II.

76. Tels Péreverzev, dans *Tvorčestvo Gogolja (L'œuvre de Gogol),* Moscou, 1914.

77. Voir l'ensemble des ouvrages de Khraptchenko et d'Ermilov sur Gogol (respectivement de 1936, 1952, 1953, 1971 et 1952, 1953.

Voir Elsa Triolet, « L'illusion ou la réalité au théâtre », dans *Les Lettres françaises,* 16 décembre 1948, p. 7.

78. *Realizm Gogoljia (Le Réalisme de Gogol),* Moscou-Leningrad, Littérature artistique, 1959.

79. Voir Guippious, « Problematika i kompozitsija *Revizora* (La problématique et la composition du *Révizor,* dans *Gogol, Materialiy i issledovanija (Gogol, matériaux et recherches),* Moscou-Leningrad, Académie des sciences, 1936, t. II, pp. 151-199.

80. Elsa Triolet, art. cité.

81. Voir son introduction générale aux *Âmes mortes* dont il publia une traduction en 1925, Paris, Bossard (reprise dans la Bibliothèque de la Pléiade).

82. Voir ses articles dans *Literaturnaja kritika (Critique littéraire),* Moscou, Littérature artistique, 1967.

83. « Le caractère et l'œuvre de Nicolas Gogol », dans *Les Écrivains étrangers,* Paris, Didier, 1897, pp. 177-194.

84. Voir « Legenda o Velikom Inkvizitore F. M. Dostojevskovo » (« La Légende du Grand Inquisiteur de Dostoïevski »), dans *Russkij Vestnik (Le Messager russe),* janvier-février 1891, t. 212.

85. « De Tarass Boulba à Tchitchikov », dans *Esprit,* juillet-août 1967, pp. 144-145.

86. Voir Ovsianiko-Koulikovski, *Gogol,* Saint-Pétersbourg, 1907.

87. *Gogol,* Paris, Plon, 1932.

88. Voir notre développement sur le comique et les personnages.

89. *Gogol et le Diable,* Paris, Gallimard, 1939. Trad. fr. par Constantin Andronikov (écrit en 1906).

90. Voir *Les Démons* et, en particulier, le personnage de Pierre.

91. Mérejkovski, *ouv. cité,* p. 52.

92. « Le diable chez Gogol et chez Dostoïevsky », dans *Satan,* n° spécial des *Études carmélitaines,* 1948, pp. 556-572.

93. Henri Troyat, *ouv. cité,* p. 186.

94. *Nikolaï Gogol,* Paris, La Table Ronde, 1953 et Gallimard, 1971 (Coll. 10/18). Trad. fr. par Marcelle Sibon (original anglais, 1944).

95. Voir *Gogol et Dostoïevski ou la Descente aux Enfers,* Paris, Desclée de Brouwer, 1961.

96. Il est tout aussi excessif de ne voir que « le rire » dans *Le Révizor* (cas de Jules Legras, *La Littérature en Russie,* Paris, Colin, 1929).

97. Tendance amorcée cependant dès 1902 (avec I. Mandelstam).

98. Traduction française de l'article (1918) dans *Théorie de la littérature,* textes trad. par T. Todorov, Paris, Le Seuil, 1965, pp. 212-233.

99. « Dostojevskij i Gogol', k teorii parodii » (Dostoïevski et Gogol, vers une théorie de la parodie »), dans *Arkhaisty i novatory (Archaïstes et Novateurs),* Leningrad, 1921. Traduit en allemand.

100. *Gogol,* Paris, L'Herne, éd. refondue.

101. Comme, par exemple, celle de *Finnegan's Wake* de Joyce (qui en devient illisible).

102. Voir « Bilan du travail sur *Le Révizor* », 24 janvier 1927, dans *Écrits sur le théâtre,* Lausanne, L'Age d'homme, 1975, t. II, pp. 196-210 (Trad. fr. par B. Picon-Vallin).

103. « Gogol' i Mejerkhold » (« Gogol et Meyerhold »), dans le recueil du même titre, Moscou, 1927, pp. 9-38.

104. « Notes sur la mise en scène du *Révizor* », dans *Europe,* n° spécial *Gogol,* juillet 1952, n° 79, pp. 23-29.

105. Voir *Gogol dramaturge,* Paris, L'Arche, 1956.

106. Voir *Komedia Gogolja* (ouv. cité).

107. Voir son interview dans l'hebdomadaire soviétique, *La Culture soviétique,* 23 mai 1972 (de même que celle de Ploutchek).

108. Expression de Hans-Robert Jauss, dans *Pour une esthétique de la réception,* Paris, Gallimard, 1978, p. 61.

109. Voir Vychnievskaïa *Gogol' i jevo komediy* (ouv. cité).

110. Voir Y. Mann *Poetika Gogolja (La Poétique de Gogol),* Moscou, Littérature artistique, 1978 ; Abram Terz (André Siniavski), *Dans l'ombre de Gogol,* Paris, Le Seuil, 1976. Trad. fr. par G. Nivat (original russe, 1975).

111. Dans un article sur « Le *Révizor* de Gogol et la comédie d'Aristophane ». Voir trad. angl. dans *Gogol from the Twentieth Century,* éd. par R. Maguire, New York Columbia University Press, 1973, pp. 200-214.

112. *The Creation of Nikolaï Gogol,* Cambridge-Londres, Belknap Press of Harvard University Press, 1979.

113. Voir interview d'Antoine Vitez, dans *Les Nouvelles littéraires,* 28 février-6 mars 1980.

114. Voir l'entretien cité ci-dessus ainsi que celui du *Matin* (6 mars 1980) et le programme distribué aux spectateurs du Théâtre d'Ivry.

LE RÉVIZOR

Comédie en cinq actes

PERSONNAGES

Anton Antonovitch Skvoznik-Dmoukhanovski, *Gouverneur.*

Anna Andreievna, *sa femme.*

Maria Antonovna, *sa fille.*

Louka Loukitch Khlopov, *Inspecteur des Écoles.*

La Femme de Khlopov.

Ammoss Fiodorovitch Liapkine-Tiapkine, *Juge.*

Artemy Philippovitch Ziemlianika, *Surveillant des Établissements de Bienfaisance.*

Ivan Kouzmitch Chpekine, *Directeur des Postes.*

Piotr Ivanovitch Dobtchinski
Piotr Ivanovitch Bobtchinski } *bourgeois de la ville.*

Ivan Alexandrovitch Khlestakov, *fonctionnaire de Pétersbourg.*

Ossip, *son domestique.*

Christian Ivanovitch Gibner, *médecin du district.*

Fiodor Ivanovitch Lioulioukov
Ivan Lazarevitch Rastakovski
Stepan Ivanovitch Korobkine } *fonctionnaires en retraite, personnages importants de la ville.*

Stepan Ilitch Oukhovertov, *Commissaire de Police.*

Svistounov
Pougovitzine
Dierjimorda } *agents de police.*

Abdouline, *marchand.*

FEVRONIA PETROVNA POCHKEPKINE, *femme de serrurier.*
LA FEMME D'UN SOUS-OFFICIER.
MICHKA, *domestique du Gouverneur.*
LE GARÇON DE L'AUBERGE.
UN GENDARME.
DES INVITÉS ET DES INVITÉES.
MARCHANDS, BOURGEOIS, SOLLICITEURS.

CARACTÈRES ET COSTUMES

LE GOUVERNEUR : *un fonctionnaire qui a vieilli à son poste. Pas bête à sa manière. Bien qu'il ne dédaigne pas les pots-de-vin, il est solide, sérieux, un peu raisonneur même. Il ne parle ni haut ni bas, ni trop ni pas assez. Chacune de ses paroles est lourde de sens ; les traits de son visage sont durs et grossiers, comme chez tous ceux qui ont commencé une carrière pénible par les grades inférieurs. Il passe assez rapidement de la crainte à la joie, de la bassesse à la hauteur, comme tout homme aux instincts primitifs. Uniforme boutonné, bottes et éperons. Cheveux coupés ras, grisonnants.*

ANNA ANDREIEVNA, sa femme : *une coquette de province qui a encore quelques beaux jours à vivre ; éduquée à moitié par les romans et les albums, à moitié par les commérages de la cuisine et de la lingerie. Très curieuse, et sachant à l'occasion manifester de l'orgueil. Domine quelquefois son mari, simplement parce que celui-ci ne trouve rien à lui répondre. Mais cette domination ne s'étend qu'à des détails et s'exprime surtout par des moqueries et des remontrances. Change quatre fois de robe au cours de la pièce.*

KHLESTAKOV : *un jeune homme de vingt-trois ans environ ; fluet, maigrelet, assez sot ; une tête de linotte, comme on dit ; un de ces individus que dans les bureaux on appelle « propres à rien ». Il parle et agit sans aucun discernement. Il est incapable de fixer son attention sur quelque pensée que ce soit. Débit saccadé ; les mots sortent toujours de sa bouche d'une manière tout à fait inattendue. Plus l'acteur chargé de ce rôle montrera de sincérité et de simplicité, mieux il s'en acquittera. Vêtu à la mode.*

OSSIP : *Serviteur tel que sont généralement les serviteurs d'un certain âge. Il parle d'un ton sérieux, regarde un peu en dessous, aime raisonner et se faire à lui-même des discours moralisateurs qu'il destine à son maître. Sa voix, presque toujours égale, devient, lorsqu'il parle à son maître, bourrue, saccadée et même grossière. Il est plus intelligent que son maître et c'est pourquoi il devine les choses plus vite que lui ; mais il n'aime pas beaucoup parler, c'est un coquin silencieux. Porte une redingote déjà usagée, grise ou bleue.*

BOBTCHINSKI ET DOBTCHINSKI : *tous deux petits et courtauds. D'une grande curiosité ; ils se ressemblent énormément. Tous deux un peu ventrus. Parlent avec volubilité, à grand renfort de gestes... ils se servent beaucoup de leurs mains. Dobtchinski est un peu plus grand et plus sérieux que Bobtchinski, mais Bobtchinski est plus vif, plus désinvolte que Dobtchinski.*

LIAPKINE-TIAPKINE, le juge : *un homme qui a lu cinq ou six livres dans sa vie, ce qui lui a donné une certaine indépendance d'esprit. Amateur de devinettes, il attache un sens profond à chacune de ses paroles. L'acteur chargé de ce rôle doit toujours garder un air imposant. Voix basse, enrouée ; il traîne les mots et renifle sans cesse, comme ces vieilles horloges qui grincent d'abord, et seulement ensuite sonnent l'heure.*

ZIEMLIANIKA, surveillant des établissements de bienfaisance : *très gros, lourdaud, maladroit, mais cependant intrigant et rusé. Très obligeant, toujours affairé.*

LE DIRECTEUR DES POSTES : *un homme dont la bonhomie va jusqu'à la naïveté.*

Les autres rôles n'exigent aucune explication, les modèles se trouvant presque quotidiennement sous nos yeux.

Messieurs les acteurs doivent apporter une attention toute particulière à la dernière scène. Les paroles du gendarme doivent produire une commotion électrique sur tout le monde à la fois, et tout à coup. Le groupe entier doit changer d'attitude en une seconde. Le cri de stupeur doit jaillir de la poitrine de toutes les femmes comme d'une seule poitrine. Si l'on ne tient pas compte de cette remarque, tout l'effet peut être perdu.

ACTE I

Une chambre dans la maison du Gouverneur.

SCÈNE I

(Le Gouverneur,
le Surveillant des Établissements de Bienfaisance,
l'Inspecteur des Écoles, le Médecin, le Juge,
le Commissaire de Police, deux agents de police.)

LE GOUVERNEUR

Je vous ai réunis, messieurs, afin de vous communiquer une nouvelle assez fâcheuse : il nous arrive un révizor.

AMMOSS FIODOROVITCH

Quoi, un révizor ?

ARTEMY PHILIPPOVITCH

Quoi, un révizor ?

LE GOUVERNEUR

Oui, un révizor, de Pétersbourg, incognito et, qui plus est, avec des instructions secrètes.

AMMOSS FIODOROVITCH

Ça par exemple !

ARTEMY PHILIPPOVITCH

Évidemment, nous n'avions pas d'ennuis, il nous en fallait !

LOUKA LOUKITCH

Seigneur Dieu ! Et, qui plus est, avec des instructions secrètes !

LE GOUVERNEUR

J'en avais comme le pressentiment : cette nuit j'ai rêvé de deux rats tout à fait extraordinaires ; je vous le jure, jamais je n'en avais vu de pareils ; ils étaient noirs, et d'une taille... fantastique ! Ils sont venus, ont reniflé, et ont disparu... Tenez, je vais vous lire la lettre que je viens de recevoir d'Andrei Ivanovitch Tchmykov, que vous connaissez bien, Artemy Philippovitch. Voici ce qu'il m'écrit : « Mon cher ami, collègue et bienfaiteur... » *(Il marmonne en parcourant très vite la lettre des yeux)* « ... de t'annoncer... » Ah, j'y suis ! « Je me hâte de t'annoncer entre autres choses qu'un fonctionnaire est arrivé avec mission d'inspecter toute la province et particulièrement notre district. *(Il lève le doigt d'un air entendu.)* Je l'ai appris par les gens les plus dignes de foi, bien qu'il se fasse passer pour un simple particulier. Et comme je ne suis pas sans savoir que tu as — qui n'en a pas ? — quelques petits péchés sur la conscience, étant un homme intelligent qui n'aime pas laisser échapper ce qu'il peut saisir au vol... » *(Il s'arrête :)* Non, ceci ne regarde que moi... « Je te conseille donc de prendre toutes tes précautions, car il peut arriver d'un moment à l'autre, s'il n'est déjà arrivé et installé quelque part incognito... Hier, dans la journée, je... » Non, ici, ce sont les affaires de famille... « Ma sœur Anna Kirilovna [1] est descendue chez nous avec son mari ; Ivan Kirilovitch a beaucoup engraissé, et joue toujours du violon » etc., etc. Voilà, messieurs, comment se présente l'affaire.

AMMOSS FIODOROVITCH

Oui, c'est une affaire tout à fait extraordinaire, absolument extraordinaire, et qui doit cacher quelque chose de…

LOUKA LOUKITCH

Mais pourquoi, Anton Antonovitch ? Qu'est-ce que cela veut dire ? Pourquoi chez nous, un révizor…

LE GOUVERNEUR

Pourquoi ? Sans doute parce que telle est la destinée. *(Il soupire.)* Jusqu'à présent, grâce au ciel, les inspecteurs inspectaient les autres villes ; mais voilà que notre tour est venu.

AMMOSS FIODOROVITCH

Je crois, Anton Antonovitch, qu'il y a là-dessous quelque motif subtil et… essentiellement politique. Cela signifie certainement que la Russie… oui… veut faire la guerre, et le ministère, voyez-vous, a envoyé un fonctionnaire pour déceler si quelque part une trahison…

LE GOUVERNEUR

Vous allez un peu loin ! Comment vous, un homme intelligent… Une trahison, dans notre ville [2], en plein cœur du pays ? Voyons, ce n'est pas une ville frontière. On pourrait, d'ici, galoper pendant trois ans, sans jamais atteindre un autre gouvernement !

AMMOSS FIODOROVITCH

Non, moi je vous dis que vous n'y… que vous ne… Les autorités ont la vue très fine ; peu importe que l'on soit loin, elles sont au courant.

LE GOUVERNEUR

Qu'elles soient ou non au courant, moi, messieurs, je vous ai avertis. En ce qui me concerne, voyez-vous, j'ai déjà pris des mesures, et je vous conseille d'en faire autant, — surtout à vous, Artemy Philippovitch ! Car, sans aucun doute, ce fonctionnaire en tournée voudra inspecter avant tout vos établissements de bienfaisance. Aussi, faites que tout soit en ordre : que les bonnets de nuit soient propres, et que les malades ne se promènent pas en tenue de chiffonniers, comme ils ont coutume de le faire.

ARTEMY PHILIPPOVITCH

Oh, cela n'est pas encore bien grave. On peut, après tout, leur mettre des bonnets propres.

LE GOUVERNEUR

Oui, et il faut aussi, au-dessus de chaque lit, une inscription en latin... ou en n'importe quelle autre langue — mais ceci vous regarde, Christian Ivanovitch — indiquant la nature de la maladie, la date où elle s'est déclarée, le jour et le quantième... Il n'est pas bon non plus que chez vous les malades fument un tabac aussi fort : à peine a-t-on entrouvert la porte, que déjà l'on éternue. Et puis, il serait préférable qu'il y eût moins de malades, sans quoi l'on en déduira aussitôt l'insuffisance des soins et l'incapacité du médecin.

ARTEMY PHILIPPOVITCH

Pour ce qui est des soins aux malades, nous avons déjà, Christian Ivanovitch et moi, pris toutes nos mesures. Plus on se rapproche de la nature, mieux cela vaut. Les médicaments coûteux, nous ne les employons pas. L'homme est tout simple : s'il doit mourir, il mourra de toute façon ; s'il doit guérir, il guérira de même. Du reste, Christian Ivanovitch ne peut guère s'expliquer avec ses patients, et cela pour la bonne raison qu'il ne sait pas un seul mot de russe.

Christian Ivanovitch marmonne un son qui évoque en partie la lettre i et en partie la lettre é.

LE GOUVERNEUR

Quant à vous, Ammoss Fiodorovitch, je vous conseillerai de faire un peu plus attention à ce qui se passe dans les locaux de la Justice. Chez vous, dans le vestibule où se présentent généralement les plaideurs, les gardiens ont introduit des oies domestiques avec leurs petits oisons, qui ne cessent de vous trotter dans les jambes. Bien sûr, il est tout à fait louable d'élever des animaux domestiques, et pourquoi les gardiens du tribunal n'en élèveraient-ils pas ? Seulement, voyez-vous, en un tel lieu, cela me semble un peu déplacé. Je voulais depuis longtemps vous le faire remarquer, et puis, je ne sais pourquoi, j'ai oublié.

AMMOSS FIODOROVITCH

Bien. Aujourd'hui même, je les fais tous ramasser et envoyer à la cuisine... Venez dîner avec moi ce soir, voulez-vous ?

LE GOUVERNEUR

De plus, il est regrettable que jusque dans votre salle d'audience, il y ait toujours de vieilles nippes en train de sécher, sans même parler de votre fouet de chasse, qui reste suspendu au-dessus de l'armoire à dossiers. Je sais, vous aimez la chasse, mais vous feriez tout de même mieux d'enlever ce fouet, quitte à le remettre quand le révizor sera passé. Il en va de même de votre assesseur[3]... C'est certainement un homme très compétent, mais il dégage une telle odeur qu'on devine aussitôt le débit de boisson enfumé d'où il vient de sortir, ce qui est également regrettable. Je voulais vous en parler depuis longtemps, mais je ne sais comment, j'ai été distrait, et cela m'est sorti de la tête. Et quand bien même cette odeur lui serait, comme il le prétend, naturelle, il doit y avoir des remèdes : on pourrait lui conseiller de manger de l'oignon, ou de l'ail, ou... quelque chose d'autre... En tout cas, Christian Ivanovitch serait en mesure de l'aider, en lui indiquant un médicament qui...

Christian Ivanovitch émet encore le même son.

AMMOSS FIODOROVITCH

Non, il n'y a rien à faire. Il raconte que sa nourrice, lorsqu'il était encore petit, l'a laissé choir sur le plancher, et que depuis lors il a toujours un peu senti la vodka.

LE GOUVERNEUR

Oh ! je ne vous ai fait là qu'une simple remarque, en passant. Quant aux dispositions d'ordre intérieur, et à ce qu'Andrei Ivanovitch appelle dans sa lettre de petits péchés, je ne veux rien vous en dire. D'ailleurs, il serait bizarre d'en parler. Existe-t-il un homme qui n'ait quelques péchés sur la conscience ? Dieu a fait les choses ainsi, et les voltairiens[4] ont beau ergoter...

AMMOS FIODOROVITCH

Mais qu'entendez-vous, Anton Antonovitch, par ces petits péchés ? Car il y a petits péchés et petits péchés. Je ne cache à personne que j'accepte des pots-de-vin, mais en quoi consistent-ils, ces pots-de-vin ? En chiots de lévriers. C'est une tout autre affaire que...

LE GOUVERNEUR

Qu'ils consistent en chiots ou en autre chose, ce sont toujours des pots-de-vin.

AMMOSS FIODOROVITCH

Non, non, Anton Antonovitch ! Je ne dis pas que si, par exemple, quelqu'un se laisse offrir une pelisse de cinq cents roubles, ou un châle pour sa femme...

LE GOUVERNEUR

Mais qu'est-ce que cela change, que vos pots-de-vins soient des chiots ?... En revanche, vous, vous ne croyez pas en Dieu. Oui, vous n'allez jamais à l'église, tandis que moi je crois fermement en Dieu, et je vais chaque dimanche à l'église. Vous... oh ! je vous connais ; quand vous vous mettez à parler de la création du monde, tous les cheveux se dressent sur toutes les têtes !

AMMOSS FIODOROVITCH

J'ai acquis ces convictions par moi-même, à force de réflexion...

LE GOUVERNEUR

Eh bien, dans certains cas, le manque de réflexion est encore préférable à l'excès de réflexion. D'ailleurs, c'est tout à fait incidemment que j'ai parlé du Tribunal. A vrai dire, je doute beaucoup que quelqu'un aille y fourrer son nez : c'est un endroit si privilégié que Dieu lui-même le protège... Mais vous, Louka Loukitch, en votre qualité d'inspecteur des écoles, vous devriez vous occuper un peu plus activement de vos professeurs. Ce sont naturellement des gens instruits, éduqués dans toutes sortes de collèges, mais qui n'en ont pas moins des manières fort bizarres, bien que propres à ce genre de profession. L'un d'eux, par exemple, vous savez, celui qui a une si grosse figure — impossible de me rappeler son nom — ne peut pas, lorsqu'il est en chaire, se dispenser de faire une grimace[5], tenez, comme cela *(il fait une grimace)* et, aussitôt après, il fourre la main dans sa cravate et commence à se repasser la barbe. Qu'il fasse la grimace à ses élèves, passe encore, c'est peut-être même nécessaire, je ne peux pas en décider ; mais jugez vous-même : s'il opère de la sorte devant un étranger, cela pourrait très mal tourner. Monsieur le révizor, ou un autre, pourrait se croire personnellement visé, et le diable sait quelle histoire cela nous attirerait encore !

LOUKA LOUKITCH

Que voulez-vous que j'y fasse ? Je lui ai déjà parlé de cela à maintes reprises, et pourtant, l'autre jour encore, quand le doyen est entré dans la classe, il a fait une grimace comme je n'en avais encore jamais vu. Lui, il la faisait en toute simplicité, mais c'est moi que l'on a pris à partie : « Pourquoi inculquer des idées subversives à la jeunesse ? » m'a-t-il été demandé.

LE GOUVERNEUR

Je dois également vous faire des observations au sujet du professeur d'histoire. C'est un cerveau — cela se voit — il possède des masses de connaissances, mais il s'explique avec une telle ardeur qu'il va... jusqu'à s'oublier. Je l'ai entendu une fois : tant qu'il parlait des Assyriens et Babyloniens, cela pouvait encore aller, mais quand il s'est agi d'Alexandre de Macédoine, je n'ai même pas de mots pour vous dire ce qui se produisit. J'ai cru, ma parole, qu'il y avait le feu. Il descendit de sa chaire et, de toutes ses forces, lança une chaise sur le plancher. Bien sûr, Alexandre de Macédoine était un héros, mais ce n'est pas une raison pour endommager ainsi les chaises. C'est là une dépense supplémentaire pour l'État.

LOUKA LOUKITCH

Oui, il est ardent. Je le lui ai fait remarquer quelquefois, mais il m'a toujours répondu : « Que voulez-vous ? Moi, pour la science, je suis prêt à sacrifier ma vie. »

LE GOUVERNEUR

Telle est l'insondable loi du destin : un homme intelligent, ou bien se saoule, ou bien fait des grimaces à mettre en fuite tous les saints du paradis !

LOUKA LOUKITCH

Que Dieu épargne aux hommes le soin de servir la science ! Car alors tout est à craindre, chacun s'en mêle, chacun veut montrer qu'il est, lui aussi, intelligent !

LE GOUVERNEUR

Tout cela ne serait encore rien, mais il y a ce maudit incognito ! Au moment où l'on s'y attend le moins, il peut regarder, et dire : « Ah, vous voilà, mes pigeons ! Et qui donc ici rend la justice ? » — « Liapkine-Tiapkine. » — « Eh bien, qu'on m'amène Liapkine-Tiapkine ! Et qui est surveillant des établissements de bienfaisance ? » — « Ziemlianika. » — « Eh bien, qu'on m'amène Ziemlianika ! » Voilà le plus effrayant !

SCÈNE II

(Les mêmes et le Directeur des Postes.)

LE DIRECTEUR DES POSTES

Veuillez m'expliquer, messieurs, quel est ce fonctionnaire qui doit arriver ?

LE GOUVERNEUR

Comment, vous n'êtes pas au courant ?

LE DIRECTEUR DES POSTES

Si, Piotr Ivanovitch Bobtchinski vient de me l'apprendre. Il était tout à l'heure chez moi, au bureau de poste.

LE GOUVERNEUR

Eh bien, quoi ? Qu'en pensez-vous ?

LE DIRECTEUR DES POSTES

Ce que j'en pense ? Mais c'est la guerre avec les Turcs[6] !

AMMOS FIODOROVITCH

Voilà, c'est bien ce que je pensais !

LE GOUVERNEUR

Eh bien, vous vous fourrez tous les deux le doigt dans l'œil.

LE DIRECTEUR DES POSTES

Mais je vous assure, c'est la guerre avec les Turcs. Et comme toujours, les Français vont gâter les choses[7].

LE GOUVERNEUR

La guerre avec les Turcs ! Allons donc ! C'est nous qui écoperons, et pas les Turcs. Il n'y a malheureusement pas à en douter. J'ai ici une lettre : voyez vous-même.

LE DIRECTEUR DES POSTES

Eh bien, dans ce cas, il n'y aura pas de guerre avec les Turcs.

LE GOUVERNEUR

Alors, Ivan Kouzmitch, que pensez-vous maintenant de la situation ?

LE DIRECTEUR DES POSTES

Moi ? Mais je n'y suis pour rien. Et vous, Anton Antonovitch ?

LE GOUVERNEUR

Moi ? Mais je n'y suis pour rien. Oh, ce n'est pas que j'aie peur... Simplement... les bourgeois et les marchands m'inquiètent toujours un peu. Ils disent que je les ai écorchés, et Dieu sait pourtant que si je les ai, disons... démunis, c'était vraiment sans aucune méchanceté. Je me demande même *(prenant le Directeur des Postes par le bras et l'emmenant un peu à l'écart)*, je me demande même s'il n'y aurait pas quelque plainte portée contre moi. Car enfin, pourquoi un révizor viendrait-il chez nous ? Écoutez, Ivan Kouzmitch, ne pourriez-vous pas, dans notre intérêt à tous… toutes les lettres qui arrivent à votre bureau et qui en partent… ne pourriez-vous pas, comprenez-vous… les décacheter un peu, et les… parcourir ? Nous pourrions ainsi savoir si l'une d'elles ne contiendrait pas, au lieu d'une simple correspondance, quelque plainte qui… Si ce n'est pas le cas, on pourrait les cacheter à nouveau ; du reste, on peut même remettre une lettre décachetée…

LE DIRECTEUR DES POSTES

Je sais, je sais, vous ne m'apprendrez rien dans ce domaine. Je l'ai fait maintes fois, moins par prudence, du reste, que par pure curiosité ; oui, j'ai toujours une terrible envie de savoir ce qui se passe de nouveau dans le monde. Je vous dirai même que c'est la plus intéressante des lectures. On éprouve, à lire certaines lettres, une véritable jouissance ; il y a de ces passages… et pour ce qui est des renseignements, je vous l'assure, c'est mieux que la *Gazette de Moscou*[8].

LE GOUVERNEUR

Mais alors, dites-moi, vous n'avez rien lu concernant quelque fonctionnaire qui viendrait de Pétersbourg ?

LE DIRECTEUR DES POSTES

Non, rien concernant les fonctionnaires de Pétersbourg. Mais on parle beaucoup, par contre, des fonctionnaires de Kostroma et de Saratov[9]. Il est dommage que vous n'ayez pas lu toutes ces lettres, car il y a vraiment des passages superbes. Ainsi, récemment, un lieutenant écrivait à l'un de ses amis, et lui dépeignait un bal d'une manière très enjouée… et très, très bien ! « Ma vie, mon cher ami, s'écoule dans une sorte d'empyrée. Je suis entouré de multiples jeunes filles, la musique joue, les bannières flottent… » Et tout cela, il le décrivait avec beaucoup, beaucoup de sentiment. Je n'ai pu m'empêcher de garder cette lettre. Si vous voulez, je vous la lirai.

LE GOUVERNEUR

Il s'agit bien de cela, aujourd'hui !... Ainsi vous me ferez la grâce, Ivan Kouzmitch, d'intercepter sans hésitation la première lettre contenant une plainte ou une dénonciation.

LE DIRECTEUR DES POSTES

Avec le plus grand plaisir.

AMMOSS FIODOROVITCH

Attention ! Il pourrait vous en cuire, un jour ou l'autre.

LE DIRECTEUR DES POSTES

Mon Dieu, vraiment, vous croyez...

LE GOUVERNEUR

Mais ce n'est rien du tout ! Voyons, ce serait ennuyeux si cela devenait une affaire publique, mais puisque tout se passera en famille...

AMMOSS FIODOROVITCH

Oui, c'est une sale histoire qui nous arrive. Et moi qui venais vous voir, je l'avoue, Anton Antonovitch, pour vous offrir une petite chienne ! C'est la propre sœur du chien que vous connaissez ! Voyons, vous savez bien que Tcheptovitch est en procès avec Verkhovinski, alors j'en profite pour chasser le lièvre tantôt chez l'un tantôt chez l'autre.

LE GOUVERNEUR

Mon cher, je me fiche pas mal, maintenant, de vos lièvres ! J'ai ce maudit incognito installé dans ma tête... Ainsi, on attend que la porte s'ouvre, et voilà que...

SCÈNE III

(Les mêmes, puis Bobtchinski et Dobtchinski qui entrent, tous deux essoufflés.)

BOBTCHINSKI

Un événement extraordinaire !

DOBTCHINSKI

Une nouvelle tout à fait imprévue !

TOUS

Quoi ? Qu'y a-t-il ?

DOBTCHINSKI

Une affaire sensationnelle ! Nous arrivons à l'auberge...

BOBTCHINSKI, *l'interrompant.*

Nous arrivons, Piotr Ivanovitch et moi, à l'auberge, et...

DOBTCHINSKI, *l'interrompant.*

Permettez, Piotr Ivanovitch, que je raconte...

BOBTCHINSKI

Non, permettez que je... déjà... permettez, permettez, vous n'avez pas la parole si facile !

DOBTCHINSKI

Mais vous, vous vous embrouillerez et oublierez la moitié...

BOBTCHINSKI

Je me souviendrai de tout, je vous le jure, je me souviendrai ! Ne m'interrompez donc plus, laissez-moi parler, ne m'interrompez plus ! Je vous en prie, messieurs, ayez la gentillesse de dire à Piotr Ivanovitch de ne plus m'interrompre !

LE GOUVERNEUR

Au nom du ciel, parlez ! Qu'est-ce qu'il y a ? Je défaille ! Veuillez vous asseoir, messieurs, prenez des chaises. Piotr Ivanovitch, voici une chaise pour vous. *(Tous s'assoient autour des deux Piotr Ivanovitch.)* Alors quoi, que se passe-t-il ?

BOBTCHINSKI

Permettez, permettez, commençons par le commencement... Dès que j'eus le plaisir de vous quitter, après vous avoir vu atterré par la lettre que vous aviez reçue... Oui, alors... alors j'ai couru... je vous en supplie, ne m'interrompez pas, Piotr Ivanovitch, je sais déjà tout, tout ! Ainsi, comme j'ai eu l'honneur de vous le dire, j'ai couru chez Korobkine ; et, n'ayant pas trouvé chez lui Korobkine, j'ai fait un bond chez Rastakovski ; et, n'ayant pas trouvé chez lui Rastakovski, j'entre chez Ivan Kouzmitch pour lui communiquer la nouvelle que vous m'aviez annoncée ; oui, et en sortant de là, voilà que je rencontre Piotr Ivanovitch...

DOBTCHINSKI, *l'interrompant.*

Près du kiosque où l'on vend des gâteaux.

BOBTCHINSKI

Oui, près du kiosque où l'on vend des gâteaux. Oui, et rencontrant Piotr Ivanovitch, je lui dis : « Avez-vous entendu parler de la nouvelle qu'Anton Antonovitch a apprise par une lettre digne de foi ? » Or, Piotr Ivanovitch avait déjà été mis au courant par votre bonne Avdotia, envoyée pour je ne sais quel motif chez Philippe Antonovitch Potchetchouev...

DOBTCHINSKI, *l'interrompant.*

Pour un petit baril d'eau-de-vie française.

BOBTCHINSKI, *le repoussant de la main.*

Oui, pour un petit baril d'eau-de-vie française. Donc, me voilà parti, avec Piotr Ivanovitch, chez Potchetchouev. Je vous en prie, Piotr Ivanovitch, ne m'interrompez pas, je vous en prie, ne m'interrompez pas !... Donc, nous voilà partis chez Potchetchouev ; mais en chemin, Piotr Ivanovitch me dit : « Entrons dans cette auberge. Il se passe au fond de mon estomac... je n'ai rien mangé depuis ce matin, alors j'ai des crampes stomacales. » Oui, dans l'estomac de Piotr Ivanovitch... « Et justement, me dit-il, on vient d'apporter à l'auberge du saumon frais ; aussi pourrons-nous y goûter. » À peine étions-nous entrés à l'auberge que brusquement un jeune homme...

DOBTCHINSKI, *l'interrompant.*

D'un extérieur assez agréable, vêtu en civil...

BOBTCHINSKI

Oui, d'un extérieur assez agréable, vêtu en civil, et qui arpentait la salle, et sur le visage duquel on pouvait lire une telle méditation... Oui, la physionomie, et aussi les gestes, et *(il se touche le front)* là-dedans, tant, tant de choses... J'eus comme un pressentiment et je dis à Piotr Ivanovitch : « Il y a là quelque chose de bizarre. » Oui. Et Piotr Ivanovitch, d'un signe discret de la main, avait déjà appelé le patron, l'aubergiste Vlass : sa femme, il y a trois semaines de cela, a accouché d'un petit garçon, un vrai gaillard qui sera tout à fait le portrait de son père, et qui tiendra l'auberge. Ayant appelé Vlass, Piotr Ivanovitch lui demande tout bas : « Qui est ce jeune homme ? » Et Vlass, là-dessus, de répondre : « C'est, dit-il... Ne m'interrompez pas, Piotr Ivanovitch, je vous en prie, ne m'interrompez pas. Vous n'êtes pas capable de raconter, je vous le jure, vous n'en êtes pas capable, vous avez une voix beaucoup trop sifflante ; je sais, je sais, à cause de votre dent... « C'est, dit-il, un jeune homme, un fonctionnaire. Oui, un fonctionnaire qui vient de Pétersbourg et dont le nom de famille est, dit-il, Ivan Alexandrovitch Khlestakov ; et il va, dit-il, dans la province de Saratov ; et, dit-il, il se comporte bizarrement : il vit depuis plus d'une semaine dans l'auberge, n'en sort jamais, prend tout à crédit et ne débourse pas un kopek. » Dès qu'il eut dit cela, j'eus comme une inspiration : « Hé, hé ! » dis-je à Piotr Ivanovitch...

DOBTCHINSKI

Non, non Piotr Ivanovitch, c'est moi qui ai dit : hé, hé !

BOBTCHINSKI

Oui, d'abord c'est vous qui l'avez dit, mais tout de suite après c'est moi qui l'ai dit. « Hé, hé ! » avons-nous dit, Piotr Ivanovitch et moi. « Mais à quelles fins reste-t-il ici, alors qu'il doit se diriger vers la province de Saratov ? » Oui, voilà ce que nous nous sommes dit. C'est donc justement ce fonctionnaire qui...

LE GOUVERNEUR

Qui ? Quel fonctionnaire ?

BOBTCHINSKI

Le fonctionnaire dont il est question dans la lettre. Le révizor !

LE GOUVERNEUR, *épouvanté.*

Quoi ? Que Dieu soit avec vous ! Ce n'est pas lui !

DOBTCHINSKI

C'est lui. Il ne paie pas, il ne s'en va pas. Qui donc cela pourrait-il être ? Et sur son passeport, la destination indiquée est Saratov.

BOBTCHINSKI

C'est lui, c'est lui, je vous jure que c'est lui ! Il est tellement observateur ! Rien ne lui échappe. Il a tout de suite vu que nous, l'autre Piotr Ivanovitch et moi, mangions du saumon, alors que c'était surtout parce que Piotr Ivanovitch, à cause de son estomac... Oui, il a fixé sur nos assiettes un tel regard que... que j'ai été saisi de terreur.

LE GOUVERNEUR

Seigneur, aie pitié de nous, pauvres pécheurs ! Mais où loge-t-il, là-bas ?

DOBTCHINSKI

Au numéro cinq, sous l'escalier.

BOBTCHINSKI

Dans cette même chambre où, l'année dernière, des officiers de passage se sont battus.

LE GOUVERNEUR

Et depuis quand est-il arrivé ?

DOBTCHINSKI

Depuis déjà deux semaines. Il est arrivé le jour de la Saint-Basile [10].

LE GOUVERNEUR

Deux semaines ! *(À part :)* Seigneur Tout-Puissant ! Saints du ciel ! Que tous les saints du ciel me viennent en aide ! Au cours de ces deux semaines, j'ai fait fouetter la femme d'un sous-officier ! Et les prisonniers n'ont pas reçu leur ration ! Et le désordre dans les rues, la saleté... Quelle honte ! Quel scandale !

Il se prend la tête dans les mains.

ARTEMY PHILIPPOVITCH

Eh bien, Anton Antonovitch, il faut que nous nous rendions tous solennellement à l'auberge.

AMMOSS FIODOROVITCH

Non, non ; il faut déléguer en avant-garde le clergé et les marchands. Voilà, j'ai lu dans les « Faits et Gestes de [11]...

LE GOUVERNEUR

Non, non ! Permettez, c'est moi qui décide ! J'ai déjà traversé dans ma vie de dures épreuves, et je m'en suis même souvent tiré avec des félicitations. J'espère que Dieu me secourra cette fois encore. *(Se tournant vers Bobtchinski :)* Vous dites que c'est un jeune homme ?

BOBTCHINSKI

Oui, un jeune homme de vingt-trois ou vingt-quatre ans, pas beaucoup plus en tout cas.

LE GOUVERNEUR

Tant mieux ! Avec un jeune homme, on sait plus vite à quoi s'en tenir. Le pire, c'est de tomber sur un vieux ; un jeune homme, c'est plus expansif. Vous, messieurs, allez mettre de l'ordre dans vos affaires respectives ; et moi j'irai seul, ou bien, tenez, avec Piotr Ivanovitch, en privé, sans avoir l'air de rien, comme si nous nous promenions un peu pour voir si les voyageurs n'ont pas trop de désagréments à l'auberge. *(À l'un des agents de police :)* Hé, Svistounov !

SVISTOUNOV

À vos ordres !

LE GOUVERNEUR

Cours immédiatement chez le commissaire. Ou plutôt non, reste, j'ai besoin de toi. Dis à quelqu'un là-bas de m'amener au plus vite le commissaire ; et reviens ici aussitôt.

L'agent sort en courant.

ARTEMY PHILIPPOVITCH

Venez, venez, Ammoss Fiodorovitch ! Je vous assure qu'il pourrait nous arriver un malheur !

AMMOSS FIODOROVITCH

Mais qu'avez-vous à craindre ? Vous mettez des bonnets propres aux malades, et ça y est, le tour est joué !

ARTEMY PHILIPPOVITCH

Il s'agit bien de bonnets ! Le règlement exige que l'on donne aux malades de la bouillie d'avoine, et chez nous, dans tous les couloirs, il y a une telle odeur de chou qu'on est obligé de se boucher le nez !

AMMOSS FIODOROVITCH

Eh bien moi, je suis tout à fait tranquille : qui donc aurait l'idée d'entrer au tribunal ? Si jamais quelqu'un y entrait et examinait quelque papier que ce soit, il en aurait pour la vie à ne plus rien comprendre. Voilà quinze ans que je siège au tribunal et, chaque fois que je jette un coup d'œil sur un dossier, oui, chaque fois, les bras m'en tombent ; Salomon lui-même ne saurait y distinguer le vrai du faux.

Le Juge, le Surveillant des Établissements de Bienfaisance, l'Inspecteur des Écoles sortent et, près de la porte, se heurtent à l'Agent qui revient.

SCÈNE IV

(Le Gouverneur, Bobtchinski, Dobtchinski et l'Agent.)

LE GOUVERNEUR

Alors, la voiture est là ?

L'AGENT

Elle est là.

LE GOUVERNEUR

Va dans la rue. Ou plutôt non, attends ! Tu m'apporteras... Mais les autres, où sont-ils ? Comment, tu es seul ? J'avais pourtant ordonné que Prokhorov fût là aussi. Où est Prokhorov ?

L'AGENT

Prokhorov est chez des amis à lui. Mais tout à fait impropre au service.

LE GOUVERNEUR

Comment ça ?

L'AGENT

Comme ça. On l'a ramené ivre-mort, au petit matin, et on lui a déjà jeté deux seaux d'eau à la figure, mais jusqu'à présent il n'a pas repris ses esprits.

LE GOUVERNEUR, *se prenant la tête dans les mains.*

Ah, mon Dieu, mon Dieu ! Va vite dans la rue... ou plutôt non, cours d'abord dans ma chambre, tu entends ? Et rapporte-moi mon épée et mon chapeau neuf. Vous venez, Piotr Ivanovitch ?

BOBTCHINSKI

Et moi, et moi... Permettez que moi aussi, Anton Antonovitch...

LE GOUVERNEUR

Non, non, Piotr Ivanovitch, impossible, impossible ; ce ne serait pas convenable, et puis dans la voiture il n'y a pas de place.

BOBTCHINSKI

Cela ne fait rien, cela ne fait rien ! Voici ce que je ferai : je me ferai tout petit, et je courrai derrière la voiture. Si je peux seulement jeter un petit coup d'œil, voir à travers une petite fente comment il se comporte...

LE GOUVERNEUR, *à l'agent qui lui remet l'épée.*

Cours tout de suite me chercher quelques hommes, et que chacun d'eux prenne... Cette épée est dans un état ! Ah, ce maudit marchand Abdouline ! Il voit que le gouverneur a une vieille épée, et l'idée ne lui vient même pas d'en envoyer une nouvelle ! Oh, peuple de coquins ! Je les vois d'ici, ces canailles, préparant déjà secrètement leurs requêtes !... Donc, que chacun prenne en main une rue... que le diable m'emporte... non pas une rue, un balai, et qu'on me nettoie toute la rue qui mène à l'auberge, et qu'on me la lave convenablement ! Tu entends ? Et toi, toi, prends garde ; je te connais : tu fais partout le joli cœur, et pendant ce temps tu fourres les cuillers d'argent dans tes bottes... Regarde-moi, tu entends : je te tiens à l'œil !... Qu'as-tu encore manigancé avec le marchand Tcherniaiev, hein ? Il t'a donné pour ton uniforme deux archines[12] de drap et toi, tu lui as barboté toute la pièce. Mais prends garde : un jour on prend une pièce de drap, et un autre[13]... Allons, file !

SCÈNE V

(Les mêmes et le Commissaire de Police.)

LE GOUVERNEUR

Ah, vous voilà, Stepan Ilitch ! Dites-moi, au nom du ciel, où vous vous étiez caché ? De quoi cela a-t-il l'air, je vous le demande...

LE COMMISSAIRE

Mais j'étais là, tout près, derrière le portail.

LE GOUVERNEUR

Allons, écoutez, Stepan Ilitch ! Un fonctionnaire est arrivé de Pétersbourg. Quelles dispositions avez-vous prises ?

LE COMMISSAIRE

Mais celles que vous m'avez ordonné de prendre. J'ai envoyé l'agent Pougovitzine, avec toute une équipe de balayeurs, nettoyer le trottoir et...

LE GOUVERNEUR

Et Dierjimorda, où est-il ?

LE COMMISSAIRE

Dierjimorda est parti avec la pompe à incendie.

LE GOUVERNEUR

Et Prokhorov, ivre, n'est-ce pas ?

LE COMMISSAIRE

Ivre.

LE GOUVERNEUR

Comment avez-vous pu tolérer cela ?

LE COMMISSAIRE

Dieu seul le sait. Hier, il y a eu une bagarre dans les environs. Il est parti pour rétablir l'ordre, et il est revenu ivre.

LE GOUVERNEUR

Écoutez, voilà ce que vous allez faire : l'agent Pougovitzine... C'est un homme de haute taille... alors, qu'il se tienne sur le pont, cela fera bon effet. Et d'abord, qu'on démolisse la vieille palissade qui se trouve près de chez le cordonnier, et qu'on y plante des jalons en osier, pour que cela ait l'air d'un chantier. Plus il y a de démolitions, plus la municipalité semble active. Ah, mon Dieu, j'oubliais qu'il y a près de cette palissade une accumulation d'ordures que quarante charrettes ne suffiraient pas à emporter ! Ah, la sale ville ! Que l'on élève quelque part un monument quelconque, ou que l'on mette simplement une palissade, on est sûr de trouver toutes les saletés du monde, venues le diable sait comment ! *(Il soupire.)*

Et si le fonctionnaire demande : « Êtes-vous contents du service ? » répondez : « Nous sommes contents de tout, Excellence »... Et celui qui sera mécontent, je me charge de lui ménager plus tard un de ces mécontentements !... Oh, oh, ah, ah ! Que de péchés, que de péchés ! *(Il prend une boîte en carton, croyant prendre son chapeau.)* Mon Dieu, fais seulement que je me tire de là au plus vite, et je te mettrai un cierge comme personne jamais ne t'en mit ; chacun de ces damnés marchands, je l'obligerai à fournir au moins trois pouds de cire [14]. Oh, mon Dieu, mon Dieu !... Venez, Piotr Ivanovitch !

Il veut mettre son chapeau sur sa tête, mais met la boîte à la place.

LE COMMISSAIRE

Anton Antonovitch, c'est une boîte, et non un chapeau.

LE GOUVERNEUR

Une boîte ! Oui, c'est une boîte ! Que le diable l'emporte !... Et s'il demande pourquoi l'église, près de l'hospice, n'est pas encore construite, cette église pour laquelle nous avions, il y a cinq ans, reçu une subvention, n'oubliez surtout pas de dire qu'on a bien commencé à la construire, mais qu'elle a été détruite par un incendie. J'ai même rédigé un rapport là-dessus. Il ne manquerait plus que quelqu'un, perdant la mémoire, raconte qu'elle n'a même pas été commencée !... Et que l'on dise aussi à Dierjimorda de ne pas trop jouer des poings : sous prétexte de rétablir l'ordre, il poche les yeux à tout le monde, aux coupables et aux innocents. Venez, venez donc, Piotr Ivanovitch ! *(Il sort et revient.)* Et qu'on ne laisse pas sortir les soldats dans la rue comme cela, sans rien [15]... Cette ignoble race met sa capote par-dessus sa chemise, et en dessous, il n'y a rien !

Tous sortent.

SCÈNE VI

(Anna Andreievna et Maria Antonovna qui entrent en courant.)

ANNA ANDREIEVNA

Où sont-ils ? Mais où sont-ils ? Ah, mon Dieu ! *(Ouvrant la porte :)* Mon mari ! Antocha ! Anton ! *(Très vite :)* Et c'est toujours toi, c'est toujours à cause de toi ! Parce que tu lambines tout le temps ! Une petite épingle par-ci, une petite natte par-là ! *(Courant à la fenêtre et criant :)* Anton, où vas-tu, où vas-tu ? Quoi ? Il est arrivé ? Le révizor est arrivé ? Il a des moustaches ? Et des moustaches comment ?

VOIX DU GOUVERNEUR

Plus tard ! Plus tard !

ANNA ANDREIEVNA

Plus tard ! Ça, pour des nouvelles ! Plus tard ! Un mot, un seul : est-il colonel, oui ou non ? *(Avec dépit :)* Parti ! Ah, je m'en souviendrai ! Et celle-là, avec ses « petite maman, petite maman, attendez-moi, j'attache mes nattes et j'arrive tout de suite ! » En voilà un « tout de suite » ! Et tout cela pour cette damnée coquetterie ! Mademoiselle a entendu dire que le directeur des postes était ici, et la voilà qui se tortille devant son miroir, qui se tourne à droite, qui se tourne à gauche ! Elle s'imagine qu'il s'occupe d'elle ; mais voyons, dès que tu as le dos tourné il te fait des grimaces !

MARIA ANTONOVNA

Que voulez-vous, petite maman ? De toute façon, dans deux heures nous saurons tout.

ANNA ANDREIEVNA

Dans deux heures ! Délicieuse réponse ! Pourquoi pas dans un mois ? Nous en saurons bien plus long encore ! *(Se penchant par la fenêtre :)* Eh, Avdotia ! Qu'est-ce qui se passe là-bas ? As-tu entendu quelque chose ? Est-il arrivé ? Tu n'as rien entendu ? Ah, quelle imbécile ! Voilà qu'elle fait signe que non ! Quoi, tu ne pouvais pas te renseigner ? Rien dans la tête, à part ses amoureux ! Ah, ils sont partis trop vite ? Quoi, tu n'as même pas pu courir derrière la voiture ? Allez, file vite, cours, rattrape-les, et vois comme il est, ce voyageur ! Tu entends ? Regarde par le trou de la serrure, et tâche de tout savoir, même la couleur de ses yeux : sont-ils noirs ou non ? Et revient aussitôt, aussitôt, tu entends ? Plus vite, plus vite, plus vite !

Elle continue à crier jusqu'à ce que le rideau tombe ; celui-ci les cache toutes deux alors qu'elles se tiennent près de la fenêtre.

ACTE II

Une petite chambre d'auberge.
Un lit, une table, une bouteille vide,
des bottes, une brosse à habits, etc.

SCÈNE I

(Ossip, étendu sur le lit de son maître.)

OSSIP

Diable, que j'ai faim ! Mon estomac fait un vacarme, à croire qu'un régiment entier y joue de la trompette ! Mais quand donc serons-nous à la maison ? Rien à faire ! Deux mois déjà que nous avons quitté Pétersbourg[16] ! Le petit monsieur a gaspillé tous ses sous en route, et maintenant le voilà penaud, la queue entre ses jambes ! Et pourtant, nous pouvions très bien nous en sortir, seulement, dans chaque ville, il fallait épater le monde ! *(Singeant son maître :)* « Eh, Ossip, va choisir une chambre, la meilleure, et commande le meilleur des dîners, je ne peux pas me contenter d'un mauvais dîner, il me faut le meilleur des dîners ! » Si encore c'était quelqu'un d'important ! Mais non, c'est un petit registrateur de collège[17], et qui se lie avec le premier venu, et qui joue aux cartes, et qui se fait plumer tout de suite ! Ah, j'en ai assez de cette vie ! Il n'y a pas à dire, on est mieux dans son village. Moins de mondanités mais aussi moins de tracas ; tu te prends une femme et tu restes couché, bien tranquille jusqu'à la fin de tes jours, à manger des pâtés en croûte ! Évidemment, si on peut habiter à Pétersbourg, c'est encore ce qu'il y a de plus intéressant. Pour peu que tu aies de l'argent, tu y mènes une existence raffinée, policée : les théâtres [18], les chiens savants, bref, tu as tout ce que tu veux ! Tu causes, et ce que tu dis est si subtil qu'on s'incline devant toi comme devant un aristocrate. Et au marché [19], tous te donnent du « monsieur » ; et en bateau, quand tu traverses le fleuve, un fonctionnaire peut très bien s'asseoir à côté de toi ; et quand tu veux de la compagnie, alors tu entres dans une boutique, où un beau cavalier t'explique ce que signifie chaque étoile du ciel ; et la vieille veuve d'un officier passe par là ; ou alors c'est une petite femme de chambre qui te lance une de ces œillades... oh, oh, oh !... *(Il sourit et hoche la tête :)* À Pétersbourg on est galant, que diable ! Jamais un gros mot dans les rues, chacun te dit « vous » ! Et si ça t'ennuie de marcher à pied, eh bien, tu hèles un cocher et tu t'assois derrière lui, comme un monsieur ; et si tu ne veux pas le payer, qu'à cela ne tienne : chaque maison a là-bas une double issue, tu peux disparaître comme bon te semble, ni vu ni connu ! Le diable lui-même ne te retrouverait pas ! Il n'y a qu'un ennui : tel jour tu manges princièrement, et tel autre tu crèves de faim, comme à présent, par exemple. Mais tout cela, c'est de sa faute. Qu'est-ce que tu peux faire avec lui ? Son père lui envoie de l'argent, mais si tu crois qu'il est capable de le garder ! Va te faire fiche ! Il se met aussitôt à faire la noce : il roule en fiacre, prend tous les soirs un billet de théâtre, si bien qu'au bout de la semaine, il t'expédie chez le fripier pour vendre son frac neuf. Il lui arrive même de vendre jusqu'à sa dernière chemise, si bien qu'il n'a plus sur le dos que sa pauvre redingote et son méchant petit manteau... Mon Dieu, c'est la vérité !

Un frac si chic, un frac anglais, qui lui a coûté cent cinquante roubles, il n'en a tiré que vingt roubles... Et je ne parle pas des pantalons !... Et pourquoi tout cela, pourquoi ? Parce qu'il ne va pas à son travail. Au lieu d'aller à son travail, Monsieur se promène sur la Perspective Newski[20], Monsieur joue aux cartes ! Ah, si le vieux père apprenait cela ! Il se ficherait pas mal de ta qualité de fonctionnaire, il retrousserait ta chemise et te donnerait une de ces volées qui te cuirait encore trois ou quatre jours après ! Tu as pris du service, eh bien fais ton service !... Et voilà que maintenant le patron a dit : « Je ne vous donnerai pas à manger tant que vous ne m'aurez pas payé. » Et si on ne pouvait pas le payer ? *(Avec un soupir :)* Ah, mon Dieu, juste une petite soupe aux choux ! Ah, j'avalerais bien le monde entier !... J'entends du bruit ! C'est sûrement lui !

Il saute précipitamment du lit.

SCÈNE II

(Ossip et Khlestakov.)

KHLESTAKOV

Tiens, prends ça ! *(Il lui tend son chapeau et sa canne.)* Ah, tu t'es encore vautré sur mon lit !

OSSIP

Vautré ? Pourquoi ? Comme si je n'avais jamais vu un lit !

KHLESTAKOV

Tu mens, tu t'es vautré. Regarde, il est tout défait.

OSSIP

Comme si j'avais besoin de ce lit ! Comme si je ne savais pas ce que c'est qu'un lit ! J'ai des jambes, je peux me tenir dessus. Quel besoin ai-je de votre lit ?

KHLESTAKOV, *arpentant la pièce.*

Va plutôt voir là-bas, dans la boîte, s'il n'y a pas de tabac.

OSSIP

Comment pourrait-il y en avoir, du tabac ? Vous avez fumé tout ce qui restait, voilà bien trois jours.

KHLESTAKOV,
continuant à arpenter la pièce, se mord les lèvres et, finalement, d'une voix haute et décidée.

Écoute... Eh, Ossip !

OSSIP

Vous désirez ?

KHLESTAKOV, *fort mais d'une voix moins décidée.*

Tu vas aller là-bas.

OSSIP

Où, là-bas ?

KHLESTAKOV,
d'une voix qui n'est plus haute ni décidée, mais presque suppliante.

En bas, au restaurant... Tu diras... qu'on me donne à dîner.

OSSIP

Non, je ne veux pas y aller.

KHLESTAKOV

Comment oses-tu, imbécile ?

OSSIP

Comme ça. Car, même si j'y vais, ça ne donnera rien. Le patron a dit qu'il ne vous servirait plus à dîner.

KHLESTAKOV

Comment ose-t-il ! Mais c'est absurde !

OSSIP

Il a dit aussi : « J'irai me plaindre au gouverneur, car il y a plus de deux semaines que ce monsieur ne paie plus rien. Toi et ton maître, a-t-il encore dit, vous êtes des fripouilles et ton maître, lui, c'est un escroc. C'est que j'en ai vu de ces pique-assiettes, de ces canailles ! »

KHLESTAKOV

Et toi, tu es content, animal, de me répéter tout cela !

OSSIP

Il a dit aussi : « Alors quoi, le premier venu pourrait vivre ici, prendre tout à crédit, et pas moyen de le mettre à la porte ! Je ne suis pas d'humeur à plaisanter, je vais porter une plainte et le monsieur se retrouvera en prison. » Voilà ce qu'il a dit.

KHLESTAKOV

Ça va, ça va, imbécile ! Descends plutôt, va lui parler. Ah, quelle sombre brute !

OSSIP

Non, je préfère appeler le patron, et vous vous expliquerez tous les deux.

KHLESTAKOV

Qu'est-ce que j'ai à faire du patron ? Va lui parler, toi, voyons !

OSSIP

Je vous assure qu'il vaudrait mieux...

KHLESTAKOV

Eh bien, que le diable t'emporte ! Vas-y, appelle le patron !

Ossip sort.

SCÈNE III

KHLESTAKOV, *seul.*

C'est affreux, comme j'ai faim ! Je suis allé faire un petit tour, pensant que cela calmerait mon appétit ; eh bien non, que le diable l'emporte, il ne s'est pas calmé ! Oui, si je n'avais pas fait la noce à Penza[21], j'aurais assez d'argent pour retourner à la maison. Ah, ce maudit capitaine, il m'a joliment roulé ! Il sait y faire avec les cartes, l'animal ! En moins d'un quart d'heure, il m'a plumé ! N'empêche que je voudrais bien me mesurer encore avec lui ! Seulement voilà, l'occasion ne s'est pas présentée. Quelle sale petite ville ! Et dans les boutiques, rien à crédit ! C'est ignoble, tout simplement ! *(Il siffle d'abord un air de « Robert le Diable*[22] *», puis « Ne couds rien pour moi, maman*[23] *», et enfin quelque chose qui ne ressemble ni à l'une ni à l'autre de ces chansons.)* Décidément, personne ne veut se déranger.

SCÈNE IV

(Khlestakov, Ossip, le garçon de l'auberge.)

LE GARÇON

Le patron me charge de vous demander ce que vous désirez.

KHLESTAKOV

Bonjour, mon ami ! Alors, toujours en bonne santé ?

LE GARÇON

Grâce au ciel !

KHLESTAKOV

Quoi de neuf à l'auberge ? Tout va bien ?

LE GARÇON

Oui, grâce au ciel, tout va bien.

KHLESTAKOV

Beaucoup de clients ?

LE GARÇON

Oui, encore assez.

KHLESTAKOV

Écoute, mon petit, on ne m'a pas encore apporté à dîner, alors je t'en prie, presse-les un peu, pour qu'ils se dépêchent, tu comprends ? J'ai encore à faire après le dîner.

LE GARÇON

Oui, le patron a dit qu'il ne veut plus rien vous donner à crédit. Il avait même l'intention d'aller se plaindre au gouverneur.

KHLESTAKOV

Se plaindre ! Et de quoi ? Juge toi-même, mon petit, voyons : que faire ? J'ai besoin de manger, ou bien je vais me mettre à maigrir. J'ai très besoin de manger, je ne plaisante pas !

LE GARÇON

Cela se peut, mais il a dit : « Je ne lui donnerai pas à manger tant qu'il n'aura pas payé ce qu'il me doit. » Oui, telle a été sa réponse.

KHLESTAKOV

Mais toi, qui es intelligent, persuade-le.

LE GARÇON

Qu'est-ce que je peux lui dire ?

KHLESTAKOV

Explique-lui sérieusement que j'ai besoin de manger. L'argent... cela va de soi... Il s'imagine, ce rustre, que tout le monde est comme lui, capable de rester une journée sans manger ! C'est quelque chose !

LE GARÇON

Eh bien, j'essaierai...

SCÈNE V

KHLESTAKOV, *seul.*

Et pourtant, ce ne sera pas drôle, s'il ne me donne absolument rien à manger ! C'est que j'ai faim, faim comme je n'ai jamais eu faim ! Vais-je encore être obligé de bazarder mes vêtements ? Mon pantalon, par exemple ? Non, mieux vaut encore rester affamé et rentrer à la maison avec mon beau costume pétersbourgeois ! Dommage que Joachim [24] n'ait pas voulu me louer une voiture ! Ç'aurait été très bien, que diable, d'arriver en coupé, et de se montrer ainsi, roulant grand train, toutes lanternes allumées, avec Ossip derrière, en livrée ! Je vois d'ici la tête qu'ils feraient, tous ! « Qui est-ce ? Qu'est-ce que c'est ? » Et cela, tandis qu'entre le laquais. *(Se redressant et imitant le laquais :)* « Ivan Alexandrovitch Khlestakov, de Pétersbourg, demande si vous voulez le recevoir. » Ils ignorent, ces lourdauds, ce que signifie ce « demande si vous voulez le recevoir ». Évidemment : si une vieille oie de propriétaire s'amène chez eux, c'est en roulant tout de suite, comme un ours, dans le salon... Tandis que toi, tu t'approches de quelque jolie petite fille, et : « Mademoiselle, comme je suis... » *(Il se frotte les mains et claque des talons.)* Pff ! *(Il crache.)* J'ai tellement faim que cela me donne mal au cœur !

SCÈNE VI

(Khlestakov, Ossip, puis le garçon d'auberge.)

KHLESTAKOV

Alors ?

OSSIP

On apporte le dîner.

KHLESTAKOV,
battant des mains et sautant sur sa chaise.

On l'apporte ! On l'apporte ! On l'apporte !

LE GARÇON,
entrant avec des assiettes et une serviette.

Le patron vous fait servir pour la dernière fois.

KHLESTAKOV

Le patron ! Je me fiche pas mal de ton patron ! Que m'apportes-tu ?

LE GARÇON

De la soupe et du rôti.

KHLESTAKOV

Quoi ? Deux plats seulement ?

LE GARÇON

Oui, seulement.

KHLESTAKOV

Quel toupet ! Mais je n'en veux pas, de ces deux plats ! Va lui dire que cela ne ressemble à rien, que c'est beaucoup trop peu !

LE GARÇON

Non, le patron dit que c'est encore trop.

KHLESTAKOV

Et pourquoi n'y a-t-il pas d'entrée ?

LE GARÇON

Il n'y a pas d'entrée.

KHLESTAKOV

Et pourquoi n'y en a-t-il pas ? J'ai vu de mes propres yeux, en passant près de la cuisine, qu'il se préparait là-bas pas mal de choses. Et dans la salle à manger, ce matin, deux petits bonshommes mangeaient du saumon et je ne sais quoi encore.

LE GARÇON

Oui, des entrées, il y en a et il n'y en a pas.

KHLESTAKOV

Comment, il n'y en a pas ?

LE GARÇON

Oui, il n'y en a pas.

KHLESTAKOV

Et le saumon, le poisson, les côtelettes ?

LE GARÇON

Oui, mais c'est pour des gens un peu mieux.

KHLESTAKOV

Imbécile !

LE GARÇON

Oui.

KHLESTAKOV

Espèce d'affreux petit porc ! Pourquoi en mangeraient-ils, eux, et pas moi ? Pourquoi diable ne puis-je pas faire comme eux ? Ne sont-ils pas des voyageurs, tout comme moi ?

LE GARÇON

Oui, ce sont des voyageurs, mais pas comme vous.

KHLESTAKOV

Comment, alors ?

LE GARÇON

Des voyageurs ordinaires ; eux, on sait qu'ils vont payer.

KHLESTAKOV

Je ne veux même pas discuter avec toi, abruti ! *(Il se verse de la soupe et mange.)* En voilà, une soupe ! Tu as tout simplement versé de l'eau dans la soupière ! Pas le moindre goût ! Et encore, cela sent mauvais. Je ne veux pas de cette soupe, donne-m'en une autre.

LE GARÇON

Eh bien, rendez-la-moi. Le patron a dit : « S'il ne veut pas, c'est qu'il ne lui en faut pas. »

KHLESTAKOV,
protégeant des mains son assiette.

Allons, allons, laisse ça, imbécile ! Je sais que tu as l'habitude de te conduire de la sorte, mais moi, mon ami, je ne suis pas comme tout le monde, et avec moi je ne te conseille pas... *(Il mange.)* Mon Dieu, quelle soupe ! *(Continuant de manger :)* Je crois qu'aucun homme au monde jamais ne mangea une soupe pareille ; on se demande quelles sont ces plumes qui surnagent en guise de graisse ! *(Il découpe le poulet.)* Ah, ah, ah, quel poulet ! Donne-moi le rôti. Ossip, il reste un peu de soupe, prends-la. *(Il découpe le rôti.)* Qu'est-ce que c'est que ce rôti ? Ce n'est pas du rôti !

LE GARÇON

Alors, qu'est-ce que c'est ?

KHLESTAKOV

Le diable seul sait ce que c'est ; en tout cas ce n'est pas du rôti. C'est un pavé, que l'on a rôti, pas de la viande ! *(Il mange.)* Bandits, canailles ! Comme ils vous nourrissent ! On s'esquinte les mâchoires dès la première bouchée ! *(Il se cure les dents avec les doigts.)* Les salauds ! C'est dur comme de l'écorce ! Impossible de s'en défaire ! Après des plats pareils, les dents noircissent. Les brigands ! *(Il s'essuie la bouche avec la serviette.)* Il n'y a plus rien ?

LE GARÇON

Non.

KHLESTAKOV

Les canailles ! Les salauds ! Même pas d'entrée, même pas de dessert ! Les gredins ! Tout ce qu'ils savent faire, c'est voler les voyageurs !

Le garçon, aidé par Ossip, dessert et emporte le couvert.

SCÈNE VII

(Khlestakov, puis Ossip.)

KHLESTAKOV

Vraiment, c'est comme si je n'avais rien mangé. Cela n'a fait que me mettre en appétit. Si j'avais seulement un peu de monnaie, je pourrais envoyer chercher un petit pain.

OSSIP, *rentrant.*

Le Gouverneur est là, qui vient d'arriver. Il s'informe de vous.

KHLESTAKOV, *épouvanté.*

Il ne manquait plus que cela ! Quoi, ce damné patron a déjà eu le temps de se plaindre ! Diable, et s'il me traînait vraiment en prison ! Après tout, s'ils y mettent les formes, je... Mon Dieu... Non, non, je ne veux pas ! Là-bas, dans la ville, traînent des officiers et toutes sortes de gens, et moi, comme par un fait exprès, j'ai voulu briller devant eux, j'ai même fait de l'œil à la fille d'un marchand. Non, non, je ne veux pas ! Et puis comment ose-t-il ? Comment ? Suis-je donc un petit boutiquier, un artisan quelconque ? *(Se redressant et se donnant du courage :)* Mais je lui dirai, en le regardant droit dans les yeux : « Comment osez-vous ? Comment vous... »

On entend remuer la poignée de la porte. Khlestakov blêmit et se ratatine.

SCÈNE VIII

(Khlestakov, le Gouverneur et Dobtchinski. Le Gouverneur entre et s'arrête. Khlestakov et lui se regardent en silence pendant un long moment ; tous deux sont effrayés.)

LE GOUVERNEUR, *revenant un peu de son émotion et se mettant au garde-à-vous.*

Je vous présente mes hommages.

KHLESTAKOV

Mes respects !

LE GOUVERNEUR

Excusez-moi...

KHLESTAKOV

Je vous en prie...

LE GOUVERNEUR

Mon devoir est de veiller, en qualité de gouverneur, à ce que les voyageurs, et d'une manière générale tous les gens de bien, ne subissent aucun tort dans notre ville...

KHLESTAKOV
Il bégaie un peu au début,
mais sa voix se fait de plus en plus assurée.

Que faire?... Je ne suis pas coupable... Je vous assure que je paierai. On m'enverra de chez moi... (*Bobtchinski passe sa tête dans l'entrebâillement de la porte.*) Le plus grand coupable, c'est lui : la viande qu'il me sert est dure comme du bois, et dans la soupe, le diable seul sait ce qu'il met! J'ai dû la jeter par la fenêtre. Des journées entières, il me fait crever de faim... Et le thé est si étrange! Il sent le poisson, et non le thé! Alors qu'est-ce que moi... C'est insensé!

LE GOUVERNEUR, *timidement.*

Excusez-moi, je vous jure que je ne suis pour rien... Au marché, nous avons toujours une viande excellente; ce sont les marchands de Kholmogor[25] qui nous la fournissent; des gens très sobres, d'une conduite exemplaire... Je ne sais vraiment pas où il peut se procurer une telle viande... Et s'il y a quelque chose qui vous dérange... permettez-moi de vous proposer un autre logement.

KHLESTAKOV

Non, je ne veux pas! Je sais ce que cela signifie, un autre logement : cela signifie la prison. Mais quel droit avez-vous?... Comment osez-vous?... Mais je suis... mais je suis fonctionnaire à Pétersbourg. (*Fièrement :*) Je... je... je...

LE GOUVERNEUR, *à part.*

Seigneur Dieu, comme il est en colère ! Il sait tout, ces maudits marchands lui ont tout raconté !

KHLESTAKOV, *hardiment.*

Viendriez-vous avec tout un régiment que je ne vous suivrais pas ! J'irai tout droit au ministre ! *(Il frappe du poing la table.)* Qu'est-ce que vous êtes, vous, qu'est-ce que vous êtes ?

LE GOUVERNEUR,
tremblant de la tête aux pieds.

Je vous en supplie... Ayez pitié !... Une femme, de petits enfants... Ne faites pas le malheur d'un homme !

KHLESTAKOV

Non, je ne veux pas ! Quoi encore ? Que voulez-vous que ça me fasse ? Parce que vous avez une femme et des enfants, je devrais aller en prison ? C'est le comble ! *(Bobtchinski passe de nouveau sa tête dans l'entrebâillement de la porte, puis se retire, épouvanté.)* Non, non, merci bien, je ne veux pas !

LE GOUVERNEUR, *tremblant toujours.*

C'est par inexpérience, je vous le jure, par pure inexpérience... L'insuffisance des moyens... Veuillez vous-même en juger. Le traitement que m'alloue l'État ne suffit même pas à acheter le thé et le sucre ; et si jamais il y eut des pots-de-vin, il y en eut si peu... juste de quoi acheter quelque nourriture, un ou deux habits. Quant à la femme du sous-officier qui se livrait au commerce et que, soi-disant, j'ai fait fouetter... c'est une calomnie, je vous le jure, une pure calomnie. Ce sont mes ennemis qui ont inventé cela. Ces gens-là seraient capables d'attenter à ma vie !

KHLESTAKOV

Mais je me fiche pas mal d'eux ! *(Soupçonneux :)* Je ne vois d'ailleurs pas pourquoi vous me parlez de vos ennemis, et de cette femme de sous-officier. La femme du sous-officier, c'est une tout autre affaire, mais moi, vous n'oserez pas me faire fouetter, vous n'avez pas le bras assez long ! Quoi encore ? Vous ne vous êtes donc pas regardé ? Je paierai, vous m'entendez, je paierai, mais pour l'instant je n'ai pas d'argent, et si je croupis ici, c'est bien parce que je n'ai pas un kopek.

LE GOUVERNEUR, *à part.*

Oh, le rusé animal ! Il a si bien embrouillé les choses qu'on ne s'y reconnaît plus ! On ne sait plus par quel bout le prendre... Advienne que pourra, essayons toujours ! *(À voix haute :)* Si vous avez besoin d'argent ou de quelque chose, je mets immédiatement à votre disposition... Ma tâche est de venir en aide aux voyageurs !

KHLESTAKOV

Prêtez-moi de l'argent, prêtez-moi de l'argent, je vous en prie ! Comme cela, je réglerai immédiatement le patron. Il ne me faut que deux cents roubles, et même avec moins...

LE GOUVERNEUR, *lui donnant des billets de banque.*

Voici exactement deux cents roubles. Ne vous donnez pas la peine de compter.

KHLESTAKOV

Je vous remercie infiniment. Dès que je serai chez moi, sur mes terres, je vous les renverrai. C'est tout à fait par hasard que... Je vois que vous êtes un homme de bien. Cela change tout.

LE GOUVERNEUR, *à part.*

Dieu soit loué, il a pris l'argent ! J'ai l'impression que maintenant les choses vont s'arranger. Et puis, au lieu de deux cents roubles, je lui en ai donné quatre cents.

KHLESTAKOV

Eh, Ossip ! *(Ossip entre.)* Appelle-moi le garçon ! *(Au Gouverneur et à Dobtchinski :)* Pourquoi restez-vous debout ? Prenez la peine de vous asseoir. *(À Dobtchinski :)* Asseyez-vous, je vous en prie.

LE GOUVERNEUR

Cela ne fait rien, nous sommes très bien ainsi.

KHLESTAKOV

Mais non, je vous en prie, prenez la peine de vous asseoir. Je me rends maintenant très bien compte de votre franchise, de votre cordialité ; tout à l'heure, je croyais, je vous l'avoue, que vous étiez venu pour me... *(À Dobtchinski :)* Asseyez-vous !

Le Gouverneur et Dobtchinski s'assoient. Bobtchinski passe sa tête dans l'entrebâillement de la porte et écoute.

LE GOUVERNEUR, *à part.*

Allons-y carrément ! Il veut garder l'incognito ? Très bien, nous allons, nous aussi, jouer le jeu ; nous allons faire semblant de ne pas savoir qui il est. *(À voix haute :)* Passant par ici pour raison de service, Piotr Ivanovitch Dobtchinski, propriétaire foncier des environs, et moi-même, nous sommes entrés exprès dans cette auberge pour nous assurer que l'on y traite convenablement les voyageurs car, voyez-vous, je ne suis pas comme ces gouverneurs qui ne s'occupent de rien ; mais je... je... je ne suis pas seulement un fonctionnaire en service ; je suis aussi un chrétien qui, par amour du prochain, veut que tout être humain soit toujours bien accueilli chez nous... Et voilà que, pour récompenser mon zèle, m'a été donnée l'heureuse occasion de faire votre agréable connaissance.

KHLESTAKOV

Je suis de mon côté très heureux... car sans vous, il faut l'avouer, j'aurais dû rester assez longtemps ici : je ne savais pas du tout comment faire pour payer.

LE GOUVERNEUR, *à part.*

Allons, parle toujours ! Il ne savait pas comment faire pour payer ! *(À voix haute :)* Oserai-je vous demander où, en quels lieux vous envisagez de vous rendre ?

KHLESTAKOV

Je vais dans la province de Saratov, sur mes propres terres.

LE GOUVERNEUR,
à part, une expression ironique se peignant sur son visage.

La province de Saratov ! Ah ! Et il ne rougit même pas ! Oh, mais c'est qu'il faut jouer serré, avec lui ! *(À voix haute :)* C'est là une entreprise très louable. Seulement voilà, en ce qui concerne les routes... il faut d'une part tenir compte des difficultés dues aux relais... On peut manquer de chevaux, mais... mais d'autre part, bien sûr, ce sont là des distractions pour l'esprit... Car, si je comprends bien, c'est pour votre plaisir que vous voyagez ?

KHLESTAKOV

Non, pas du tout. On me réclame. Le vieux est furieux parce que jusqu'ici je n'ai pas eu d'avancement à Pétersbourg. Il s'imagine qu'à peine arrivé on vous colle la croix de Saint-Vladimir [26] ! Je voudrais bien l'y voir, lui, dans les chancelleries !

LE GOUVERNEUR, *à part.*

Regardez-moi ça ! Voilà qu'il invoque le vieux père, à présent ! *(À voix haute :)* Et vous pensiez vous absenter longtemps ?

KHLESTAKOV

Je n'en sais vraiment rien. Mon père est entêté, stupide comme une vieille mule. Je lui dirai carrément : « Tout ce que vous voudrez... mais moi, je ne peux pas me passer de Pétersbourg. » Pourquoi en effet gâcherais-je toute ma vie au milieu de paysans ? Nous avons aujourd'hui d'autres besoins ; mon âme a soif de lumière.

LE GOUVERNEUR, *à part.*

Il ment, il ment — sans jamais se contredire ! Et pourtant, il ne paie pas de mine ! On pourrait l'écraser d'une chiquenaude, ce gringalet ! Mais attends, attends un peu, je t'obligerai bien à dévoiler ton jeu ! *(À voix haute :)* Comme vous l'avez très justement fait observer, on ne peut arriver à rien dans un petit trou de province. Tenez, chez nous, par exemple, on a beau ne pas dormir la nuit, se dévouer pour la patrie, se dépenser sans compter... on ne peut même pas espérer une récompense ! *(Il inspecte la chambre du regard :)* Il me semble que cette chambre est quelque peu humide.

KHLESTAKOV

C'est une chambre affreuse, et pleine de punaises plus grosses que je n'en vis jamais nulle part ; elles mordent comme des chiens !

LE GOUVERNEUR

Vraiment !... Un hôte aussi considérable, endurer des... et de la part de qui ? de quelques misérables punaises qui n'auraient jamais dû voir le jour dans l'univers ! Et comme cette pièce est sombre !

KHLESTAKOV

Oui, complètement sombre. Le patron a pris l'habitude de ne pas fournir de bougies, et quand par hasard je veux faire quelque chose, lire, par exemple, ou que la fantaisie me prend... d'écrire, eh bien je ne peux pas, il fait trop sombre, trop sombre !

LE GOUVERNEUR

Oserai-je vous demander... Non... Je ne suis pas digne...

KHLESTAKOV

Quoi donc ?

LE GOUVERNEUR

Non, non, je ne suis pas digne, pas digne.

KHLESTAKOV

Mais de quoi s'agit-il ?

LE GOUVERNEUR

Oserai-je me permettre... J'ai chez moi, à la maison, une chambre qui vous conviendrait parfaitement, une chambre très claire, très tranquille... Mais non, je le sens moi-même, ce serait un trop grand honneur... Ne vous fâchez pas, je vous propose cela en toute simplicité d'âme.

KHLESTAKOV

Mais comment donc, au contraire, avec plaisir ! Il me sera beaucoup plus agréable de vivre dans une maison privée que dans cette gargote.

LE GOUVERNEUR

Je serai si heureux ! Et comme ma femme se réjouira ! Voyez-vous, chez moi, le sens de l'hospitalité est inné... depuis l'enfance... surtout quand il s'agit d'une personne aussi cultivée... Ne croyez pas que ce disant je veuille vous flatter ; non, je n'ai pas ce défaut, je parle du fond du cœur.

KHLESTAKOV

Je vous en suis très reconnaissant. Moi non plus, je n'aime pas les gens à double face, et votre franchise, votre cordialité, me plaisent beaucoup. Car tout ce que je demande, c'est qu'on me témoigne dévouement et considération, considération et dévouement.

SCÈNE IX

(Les mêmes et le garçon d'auberge qui entre, accompagné d'Ossip.)

LE GARÇON

Vous m'avez demandé ?

KHLESTAKOV

Oui, donne-moi la note.

LE GARÇON

Je vous en ai déjà donné une, il n'y a pas si longtemps.

KHLESTAKOV

Si tu crois que je me souviens de tes comptes d'idiot ! Dis-moi, ça fait combien ?

LE GARÇON

Le premier jour, vous avez commandé à dîner ; le second jour, vous vous êtes contenté des hors-d'œuvre, et ensuite vous avez tout pris à crédit.

KHLESTAKOV

Imbécile ! Est-ce qu'on te demande les détails ? Ça fait combien en tout ?

LE GOUVERNEUR

Mais je vous en prie, ne vous inquiétez pas, il attendra. *(Au garçon :)* Allez, sauve-toi, on t'enverra l'argent.

KHLESTAKOV

Au fait...

Il remet dans sa poche l'argent qu'il en avait sorti. Le garçon sort ; Bobtchinsky passe la tête dans l'entrebâillement de la porte.

SCÈNE X

(Le Gouverneur, Khlestakov, Dobtchinski.)

LE GOUVERNEUR

Ne vous plairait-il pas de visiter certains établissements de notre ville... les établissements de bienfaisance, ou d'autres ?

KHLESTAKOV

Et qu'est-ce qu'on peut y voir ?

LE GOUVERNEUR

Enfin... la manière dont ils sont gérés, l'ordre qui y règne... *(Bobtchinski passe sa tête dans l'entrebâillement de la porte.)* Ensuite, si tel est votre désir, nous nous rendrons à l'école du district ; vous pourrez ainsi vous rendre compte de la façon dont on enseigne chez nous les différentes matières.

KHLESTAKOV

Volontiers, volontiers !

LE GOUVERNEUR

Ensuite, si vous le voulez bien, nous visiterons la maison d'arrêt et les différentes prisons de la ville. Vous verrez comment on traite chez nous les criminels.

KHLESTAKOV

Pourquoi les prisons ? Mieux vaut visiter les établissements de bienfaisance.

LE GOUVERNEUR

Comme il vous plaira. Désirez-vous vous y rendre dans votre équipage, ou prendre place dans ma voiture ?

KHLESTAKOV

Je préfère aller avec vous, dans votre voiture.

LE GOUVERNEUR, *à Dobtchinski.*

Vous voyez, Piotr Ivanovitch, il n'y a plus à présent de place pour vous.

DOBTCHINSKI

Ça ne fait rien, je m'arrangerai.

LE GOUVERNEUR, *bas à Dobtchinski.*

Écoutez, vous allez courir à toutes jambes et porter deux lettres : l'une à Ziemlianika, à l'établissement de bienfaisance, et l'autre à ma femme. *(À Khlestakov :)* Oserai-je vous demander la permission d'écrire en votre présence quelques lignes à ma femme, afin qu'elle fasse le nécessaire pour recevoir un hôte aussi distingué ?

KHLESTAKOV

Mais, pourquoi... Enfin, voici l'encrier. Quant au papicr, ma foi, je ne sais pas. Peut-être pourrait-on, sur cette note...

LE GOUVERNEUR

Très bien j'écrirai dessus. *(Il écrit, et, se parlant à lui-même :)* On verra bien si les choses ne s'arrangent pas d'elles-mêmes, après un bon déjeuner et une petite bouteille bien rebondie ! Nous avons dans la province un de ces petits madères[27] qui ne paie pas de mine, mais vous assomme un éléphant ! Seulement, il faudrait que je sache qui il est au juste, et dans quelle mesure je dois me méfier de lui.

Il remet des lettres à Dobtchinski qui se dirige vers la porte ; mais celle-ci cède à ce moment précis et Bobtchinski, qui écoutait derrière, tombe avec elle sur la scène. Exclamations générales, Bobtchinski se relève.

KHLESTAKOV

Quoi ? J'espère que vous ne vous êtes fait mal nulle part ?

BOBTCHINSKI

Ce n'est rien, ce n'est rien ; juste une petite bosse sur le dessus du nez... Je cours de ce pas chez Christian Ivanovitch, il a un excellent emplâtre, et d'ici peu il n'y paraîtra plus !

LE GOUVERNEUR,
à Khlestakov, après avoir montré d'un geste sa réprobation à Bobtchinski.

Ce n'est rien, vraiment. Passez, je vous prie. Je dirai à votre domestique de porter vos bagages. *(À Ossip :)* Mon ami, tu apporteras tout chez moi, tout chez le gouverneur ; n'importe qui t'indiquera le chemin. Je vous en prie... *(Il laisse passer Khlestakov devant lui, puis avant de sortir, se retourne, irrité, vers Bobtchinski.)* Vous ne pouviez pas trouver un autre endroit pour tomber ? Il a fallu qu'il s'étale là, le diable sait comment !

Il sort, Bobtchinski le suit.

ACTE III

Même décor qu'au premier acte.

SCÈNE I

(Anna Andreievna et Maria Antonovna. Elles se tiennent près de la fenêtre, dans la même position qu'à la fin du premier acte.)

ANNA ANDREIEVNA

Voilà, il y a plus d'une heure que nous attendons, et tout cela à cause de ta stupide coquetterie ; tu étais prête, pourtant ; mais non, il fallait encore que tu traînes... Je ne devrais jamais t'écouter. Quelle misère ! Et comme par un fait exprès, pas une âme dans la rue, on dirait que tout le monde est mort !

MARIA ANTONOVNA

Je vous assure, petite maman, que d'ici deux minutes, nous saurons tout. Avdotia ne saurait tarder, maintenant. *(Elle regarde à la fenêtre et s'écrie :)* Ah, maman, petite maman, quelqu'un vient, là-bas, au bout de la rue !

ANNA ANDREIEVNA

Quelqu'un ? Où ? Toujours tes éternelles inventions !... Oui, quelqu'un vient ! Mais qui donc peut venir ? Pas grand, en frac... Qui est-ce donc ? Ah, c'est tout de même agaçant ! Qui cela peut-il bien être ?

MARIA ANTONOVNA

C'est Dobtchinski, petite maman.

ANNA ANDREIEVNA

Quel Dobtchinski ? Tu t'imagines toujours de ces choses ! Ce n'est pas du tout Dobtchinski ! *(Elle agite son mouchoir.)* Eh, vous ! Venez ici ! Plus vite !

MARIA ANTONOVNA

Je vous jure, petite maman, que c'est Dobtchinski.

ANNA ANDREIEVNA

Tu dis cela uniquement pour me contredire ! On te le dit, que ce n'est pas Dobtchinski !

MARIA ANTONOVNA

Mais enfin, petite maman, vous voyez bien que c'est Dobtchinski !

ANNA ANDREIEVNA

Oui, c'est Dobtchinski, je le vois bien maintenant, mais ce n'est pas une raison pour me contredire. *(Criant par la fenêtre :)* Plus vite, plus vite ! Vous êtes si lent ! Alors, où sont-ils ? Ah ! Mais parlez donc de là où vous êtes, cela n'a pas d'importance. Quoi ? Il est très sévère ? Ah ! Et mon mari ? Mon mari ? *(S'écartant un peu de la fenêtre, avec dépit :)* Est-il bête ! Tant qu'il ne sera pas ici, dans cette chambre, il ne racontera rien !

SCÈNE II

(Les mêmes, Dobtchinski.)

ANNA ANDREIEVNA

Dites-moi, je vous en prie : était-ce honnête de votre part ? Je ne comptais que sur vous, sur vous seul, je vous considérais, vous seul, comme un honnête homme ! Eh bien, ils ont tous pris la fuite, et vous derrière eux ! Et jusqu'à présent, je n'ai rien pu apprendre de qui que ce soit ! N'avez-vous pas honte ? Moi qui ai été la marraine de votre Vanitchka et de votre Lisenka ! Et voilà comment vous vous conduisez à mon égard !

DOBTCHINSKI

J'ai tant couru, je vous le jure, chère madame, pour vous présenter mes hommages, que j'en ai le souffle coupé ! Mes hommages, Maria Antonovna.

MARIA ANTONOVNA

Bonjour, Piotr Ivanovitch.

ANNA ANDREIEVNA

Eh bien, quoi ? Racontez-nous ! Quoi, qu'est-ce qui se passe ?

DOBTCHINSKI

Anton Antonovitch vous envoie ce message.

ANNA ANDREIEVNA

Mais lui, qui est-ce ? Un général ?

DOBTCHINSKI

Non, pas un général, mais il ne le cède en rien à un général. Quelle culture ! Et quelles manières !

ANNA ANDREIEVNA

Ah, c'est bien celui dont on parlait à mon mari, dans la lettre !

DOBTCHINSKI

Celui-là même. Et c'est moi qui l'ai découvert le premier, avec Piotr Ivanovitch.

ANNA ANDREIEVNA

Mais racontez ! Comment est-il ? Comment cela s'est-il passé ?

DOBTCHINSKI

À merveille, Dieu merci ! D'abord il a reçu Anton Antonovitch un peu froidement. Oui, il s'est un peu fâché, il a dit que rien n'allait dans son auberge, et qu'il n'irait pas chez Anton Antonovitch, et qu'il ne voulait pas se faire mettre en prison à cause de lui ; mais par la suite, quand il eut établi l'innocence d'Anton Antonovitch et lié avec lui une conversation plus suivie, il changea immédiatement d'avis, et, Dieu soit loué, tout a marché à merveille. Maintenant, ils sont partis visiter les établissements de bienfaisance. Cela dit, je vous avoue qu'Anton Antonovitch et moi commencions déjà à nous demander s'il n'y avait pas eu quelque dénonciation secrète. Je n'en menais pas large...

ANNA ANDREIEVNA

Mais qu'aviez-vous à craindre, vous ? Vous n'êtes pas fonctionnaire !

DOBTCHINSKI

Vous savez, de toute façon, quand on entend parler un grand personnage, un sentiment de frayeur vous saisit.

ANNA ANDREIEVNA

Voyons, tout cela, ce sont des bêtises. Racontez plutôt ! Comment est-il de sa personne ? Oui, comment ? Jeune ? Vieux ?

DOBTCHINSKI

Un jeune homme, un très jeune homme, de vingt-trois ans environ. Mais il parle tout à fait comme un vieillard : « Vous permettez ? dit-il, j'irai là, et là, et là. » *(Agitant les bras :)* Et tout cela avec beaucoup de grâce. « J'aime, dit-il, et lire et écrire, mais, dit-il aussi, ce qui me gêne dans cette chambre, c'est qu'elle est un peu sombre. »

ANNA ANDREIEVNA

Mais comment est-il de sa personne ? Brun ? Blond ?

DOBTCHINSKI

Ni l'un ni l'autre ; plutôt châtain ; et il a des yeux vifs comme de petits animaux, si vifs qu'ils vous troublent.

ANNA ANDREIEVNA

Et que me dit-il, dans ce message ? *(Lisant :)* « Je me hâte de t'informer, ma petite âme, que ma situation a été des plus critiques, mais grâce au ciel... Pour deux concombres salés, une demi-portion de caviar, un rouble vingt-cinq kopeks... » *(S'arrêtant de lire :)* Je n'y comprends rien ! Que viennent faire ici les concombres et le caviar ?

DOBTCHINSKI

C'est qu'Anton Antonovitch, dans sa précipitation, a écrit sur un papier où je ne sais quel compte avait déjà été...

ANNA ANDREIEVNA

Ah, je comprends ! *(Reprenant sa lecture :)* « mais, grâce au ciel, il semble bien que tout soit en bonne voie. Fais préparer au plus vite une chambre pour cet invité de marque, tu sais, celle qui est tapissée de papier jaune. N'achète rien de spécial pour le dîner car nous prendrons une collation à l'hospice, chez Artemy Philippovitch. Mais commande beaucoup de vins. Dis au marchand Abdouline d'envoyer ce qu'il a de meilleur, s'il ne veut pas que je mette sa cave sens dessus dessous. Je te baise les mains, ma petite âme et demeure éternellement ton Anton Skvoznik-Dmoukhanovski ». Ah, mon Dieu ! Mais il n'y a plus une minute à perdre ! Hé ! Quelqu'un ! Michka !

Michka entre.

ANNA ANDREIEVNA

Écoute ! Cours chez le marchand Abdouline... Non, attends, je vais te donner un mot. *(Elle s'assied à la table et écrit tout en parlant.)* Tu vas remettre ce mot au cocher Sidor, afin qu'il coure chez le marchand Abdouline et rapporte du vin. Et toi-même, arrange le plus joliment possible cette chambre pour notre hôte. Il faut y mettre un lit, une table de toilette et cætera.

DOBTCHINSKI

Et moi, Anna Andreievna, je cours là-bas, voir comment il procède à son inspection.

ANNA ANDREIEVNA

Allez, allez, je ne vous retiens pas.

Dobtchinski sort.

SCÈNE III

(Anna Andreievna et Maria Antonovna.)

ANNA ANDREIEVNA

Et maintenant, Machenka, il faut que nous nous occupions de nos toilettes. Il nous arrive de la capitale, que Dieu nous préserve de ses moqueries ! C'est avec ta robe bleue à petits volants que tu seras le plus convenable.

MARIA ANTONOVNA

Ma robe bleue ? Fi, petite maman ! Mais elle ne me plaît pas du tout ! Et madame Liapkine-Tiapkine s'habille toujours eu bleu, et la fille de Ziemlianika s'habille aussi en bleu ! Non, il vaut mieux que je mette ma robe à fleurs.

ANNA ANDREIEVNA

Ta robe à fleurs ! Vraiment, tu ne parles que pour le plaisir de me contredire ! Ta robe bleue ira beaucoup mieux car je veux mettre ma robe paille. J'aime tellement le ton paille !

MARIA ANTONOVNA

Mais il ne vous va pas, je vous garantis qu'il ne vous va pas. Pour que le ton paille convienne, il faut avoir des yeux tout à fait foncés.

ANNA ANDREIEVNA

En voilà une histoire ! N'ai-je pas les yeux foncés, tout ce qu'il y a de plus foncé ? Tu ne dis que des bêtises ! Comment ne seraient-ils pas foncés, alors que, quand je me tire les cartes, je suis toujours la dame de trèfle[28] ?

MARIA ANTONOVNA

Non, petite maman, vous seriez plutôt la dame de cœur !

ANNA ANDREIEVNA

Sornettes ! Pures sornettes ! Je n'ai jamais été la dame de cœur ! *(Elle sort précipitamment avec Maria Antonovna, puis en coulisse :)* Que va-t-elle encore imaginer ? La dame de cœur ! Dieu sait...

Dès qu'elles sont sorties une porte s'ouvre. Entre Michka, balayant des ordures. Par une autre porte entre Ossip, portant une malle sur la tête.

SCÈNE IV

(Michka et Ossip.)

OSSIP

Alors, où faut-il la mettre ?

MICHKA

Par ici, petit père, par ici !

OSSIP

Attends un peu ! Laisse-moi souffler... Quelle misère ! Sur un ventre creux, tous les poids sont lourds !

MICHKA

Alors, petit père, dites-moi, il sera bientôt là, le général ?

OSSIP

Quel général ?

MICHKA

Mais votre maître !

OSSIP

Mon maître ? Mais il n'est pas général du tout !

MICHKA

Comment ? Il n'est pas général ?

OSSIP

Général, oui, mais... à rebours.

MICHKA

Ah !... Et... c'est plus, ou moins, qu'un vrai général ?

OSSIP

Plus.

MICHKA

Ah, c'est cela ! Voilà pourquoi il y a un tel branle-bas chez nous.

OSSIP

Écoute, mon petit, je vois que tu es un garçon dégourdi ; alors va me chercher quelque chose à manger.

MICHKA

Mais rien n'est encore prêt pour vous, petit père. Vous n'allez tout de même pas manger les plats de tous les jours ! Dès que votre maître se sera mis à table, on vous servira et vous mangerez comme lui.

OSSIP

Et qu'est-ce que c'est, vos plats de tous les jours ?

MICHKA

De la soupe aux choux, de la bouillie et des pâtés.

OSSIP

Eh bien, donne la soupe aux choux, la bouillie et les pâtés. Aucune importance, nous mangerons tout cela. Allons, portons cette malle. Quoi ? C'est par là ?

MICHKA

Oui, par là.

Tous deux portent la malle dans la chambre voisine.

SCÈNE V

(Deux agents de police ouvrent à deux battants la porte du fond. Entre Khlestakov ; à sa suite, le Gouverneur, le Surveillant des Etablissements de Bienfaisance, l'Inspecteur des Écoles, Dobtchinski et Bobtchinski, ce dernier portant un emplâtre sur le nez. Le Gouverneur montre aux agents de police un papier qui traîne sur le plancher. Ceux-ci se précipitent et le ramassent en se heurtant l'un contre l'autre.)

KHLESTAKOV

Très bien, ces établissements ! Il me plaît que l'on fasse visiter la ville à tous les voyageurs de passage. Dans les autres villes, on ne m'a rien montré du tout.

LE GOUVERNEUR

Dans les autres villes, permettez-moi de vous le faire remarquer, les gouverneurs et les fonctionnaires pensent surtout à eux-mêmes, je veux dire à leurs intérêts personnels, tandis qu'ici, je peux l'affirmer, nous n'avons d'autre souci que de mériter par notre zèle, notre vigilance, les éloges des autorités.

KHLESTAKOV

Le déjeuner était excellent. Je me suis vraiment régalé. Dites-moi, vous en avez tous les jours de pareils ?

LE GOUVERNEUR

Tout de même pas. Nous l'avons fait préparer exprès, pour l'hôte considérable que vous êtes.

KHLESTAKOV

J'aime bien manger. A quoi bon vivre, si ce n'est pour cueillir les fleurs du plaisir ? Comment s'appelait ce poisson ?

ARTEMY PHILIPPOVITCH, *accourant.*

De l'aiglefin[29].

KHLESTAKOV

Il était exquis. Mais où donc avons-nous déjeuné ? n'était-ce pas dans un hôpital ?

ARTEMY PHILIPPOVITCH

Parfaitement, à l'Établissement de Bienfaisance.

KHLESTAKOV

En effet, en effet, je me rappelle, il y avait des lits. Mais les malades ? Sont-ils tous guéris ? Car il me semble qu'il n'y en avait pas beaucoup.

ARTEMY PHILIPPOVITCH

Il n'en reste qu'une dizaine. Tous les autres sont déjà guéris. C'est ainsi que les choses s'arrangent, chez nous, tel est notre règlement : depuis que j'occupe ce poste, cela vous paraîtra peut-être invraisemblable, mais tous guérissent, comme des mouches. Les malades n'ont pas le temps d'entrer à l'hôpital que déjà ils ne sont plus malades ; et ce n'est pas tant à cause des médicaments qu'à cause de l'ordre et de l'honnêteté qui règnent...

LE GOUVERNEUR

À quoi je me permettrai d'ajouter que les fonctions d'un chef de district sont un véritable casse-tête. Que de responsabilités de toute espèce, pour ne parler que de la propreté, des réparations, des aménagements... En un mot, l'homme le plus intelligent lui-même pourrait se trouver en difficulté ; mais grâce au ciel, tout marche à souhait. Un autre gouverneur, bien sûr, ne songerait qu'à ses petits profits, mais moi, croyez que lorsque je me couche, je ne cesse de me dire : « Seigneur Dieu, fais en sorte que les autorités remarquent mon zèle et en soient satisfaites... » Qu'elles me récompensent ou non, cela dépend de

Lui, bien sûr ; mais au moins, que j'aie la conscience tranquille ! Quand l'ordre règne dans la ville, quand les rues sont balayées, les prisonniers bien traités et les ivrognes en petit nombre, que me faut-il de plus ? Eh, eh, je ne brigue pas les récompenses ; elles sont très tentantes, certes, mais devant le bonheur que l'on éprouve à faire le bien, tout cela n'est que poussière et fantômes !

ARTEMY PHILIPPOVITCH, *à part.*

Il sait parler, le gredin ! Enfin, c'est un don qu'il a reçu de Dieu.

KHLESTAKOV

C'est tout à fait vrai. Moi-même, je l'avoue, j'aime, de temps en temps, élever mon esprit : j'écris parfois de la prose, et parfois des vers.

BOBTCHINSKI, *à Dobtchinski.*

Exact, tout à fait exact, Piotr Ivanovitch. Des réflexions pareilles... On voit bien que c'est un homme cultivé.

KHLESTAKOV

Dites-moi, je vous prie, n'y aurait-il pas chez vous quelque distraction, quelque société où l'on pourrait, par exemple, jouer aux cartes ?

LE GOUVERNEUR, *à part.*

Hé, je te vois venir, mon pigeon ! Tu veux jeter des pierres dans mon jardin ! *(À voix haute :)* Dieu nous en préserve ! Jamais, ici, on n'a même entendu parler de pareilles sociétés ! Jamais je n'ai eu de cartes entre les mains ; je ne sais même pas comment on joue, avec ces cartes ! C'est bien simple, je n'ai jamais pu les regarder tranquillement, et s'il m'arrive par malheur de voir quelque roi de carreau ou quelque autre carte, je suis pris d'une telle nausée... qu'il me faut cracher par terre. Une fois, je ne sais plus comment, il m'est arrivé, pour distraire les enfants, de construire un château de cartes, mais ensuite je n'ai pu dormir de la nuit. Que le diable les emporte ! Comment peut-on perdre avec elles un temps si précieux ?

LOUKA LOUKITCH, *à part.*

Le salaud ! Et hier encore, il m'a refait de cent roubles !

LE GOUVERNEUR

Je préfère consacrer ce temps au bien de l'État.

KHLESTAKOV

Eh bien, non, il me semble que... Évidemment, tout dépend du point de vue... Ainsi, par exemple, si l'on est obligé de « passer[30] » alors qu'il faudrait au contraire... Dans ce cas-là, bien sûr... Mais il est très distrayant de jouer quelquefois, ne dites pas non !

SCÈNE VI

(Les mêmes, Anna Andreievna et Maria Antonovna.)

LE GOUVERNEUR

Je me permets de vous présenter ma famille : ma femme, ma fille.

KHLESTAKOV

Je suis très heureux, madame, d'avoir, pour ainsi dire, le plaisir de vous rencontrer.

ANNA ANDREIEVNA

Nous sommes encore plus heureuses de rencontrer une personne telle que vous...

KHLESTAKOV, *galant.*

Permettez, madame, c'est tout le contraire, c'est moi le plus heureux...

ANNA ANDREIEVNA

Comment pouvez-vous dire cela ? Vous le dites, j'en suis sûre, pour nous faire un compliment. Mais je vous en prie, asseyez-vous.

KHLESTAKOV

Non, c'est déjà un tel bonheur que de rester debout à vos côtés, madame ! Mais si vous y tenez absolument, je vais m'asseoir... Comme je suis heureux d'être assis à vos côtés !

ANNA ANDREIEVNA

Je vous en prie ! Je n'ose même pas croire que ces paroles s'adressent à moi. Je pense qu'après la capitale, ce voyage a dû vous paraître bien désagréable !

KHILESTAKOV

Extrêmement désagréable ! Quand on est habitué au grand monde, comprenez-vous [31], se trouver brusquement sur la route ! La saleté des auberges, la balourdise des gens... Et, je dois l'avouer, sans cet heureux hasard... *(jetant à Anna Andreievna un regard galant)* qui m'a récompensé de toutes mes peines...

ANNA ANDREIEVNA

Mon Dieu, comme tout cela a dû vous être désagréable !

KHLESTAKOV

Peu importe, madame, puisque ce moment m'est très agréable !

ANNA ANDREIEVNA

Comment pouvez-vous... Vraiment, vous nous faites trop d'honneur. Je ne mérite pas...

KHLESTAKOV

Pourquoi ne le mériteriez-vous pas ? Vous le méritez, chère madame !

ANNA ANDREIEVNA

Je ne suis qu'une provinciale, une villageoise !

KHLESTAKOV

Mais les villages ont, eux aussi, leurs collines, leurs petits ruisseaux ! Bien sûr, rien ne peut se comparer à Pétersbourg... Ah, Pétersbourg ! Ça, c'est une vie, bien sûr ! Vous croyez peut-être que je suis un simple bureaucrate ? Non, je vis sur un pied d'intimité avec le Chef de Service. Souvent il me frappe sur l'épaule : « Viens chez moi, frère, viens chez moi ! » Je ne passe à mon bureau que pour deux minutes, le temps de donner un ordre : « Ceci doit être fait comme ceci, cela doit être fait comme cela ! » Un fonctionnaire se charge d'exécuter mes instructions, un petit rat qui fait grincer sa plume... tr, tr, tr..., et voici les lettres écrites ! On a même voulu faire de moi un assesseur [32], mais je me suis dit : « À quoi bon ! »... Et je suis déjà dans l'escalier que le garçon de bureau court derrière moi, une brosse à la main : « Permettez, Ivan Alexandrovitch, permettez que je nettoie vos bottes ! » *(Se tournant vers le Gouverneur :)* Pourquoi restez-vous debout, messieurs ? Asseyez-vous, je vous en prie !

Tous ensemble :

LE GOUVERNEUR

Mon grade exige que je reste debout devant vous.

ARTEMY PHILIPPOVITCH

Nous resterons debout.

LOUKA LOUKITCH

Ne vous inquiétez pas...

KHLESTAKOV

Avec ou sans grade, je vous prie de vous asseoir. *(Le Gouverneur et tous s'assoient.)* Je n'aime pas les cérémonies. Au contraire, je m'efforce, je m'efforce de passer inaperçu. Seulement rien à faire, impossible de se cacher, rien à faire ! À peine vais-je quelque part que déjà on dit : « Voilà Ivan Alexandrovitch qui passe ! » Une fois même on m'a pris pour un général en chef ; les soldats sont sortis et m'ont présenté les armes ! Ensuite leur officier, que je connais fort bien, m'a dit : « Ah, frère, nous t'avions réellement pris pour un général en chef ! »

ANNA ANDREIEVNA

Vraiment !

KHLESTAKOV

Je suis lié avec de jolies petites actrices... J'ai même eu avec elles... quelques aventures... Je fréquente les littérateurs, j'entretiens des rapports très amicaux avec Pouchkine. Il m'est souvent arrivé de lui dire : « Alors, mon vieux Pouchkine, comment ça va ? » Et lui de me répondre parfois : « Ça va, frère, comme tout va dans le monde ! » Un grand original [33] !

ANNA ANDREIEVNA

Alors, vous écrivez aussi ? Comme cela doit être agréable de créer ! Vous publiez sans doute dans des revues ?

KHLESTAKOV

Oui, dans des revues aussi. Mais je suis déjà l'auteur de nombreux ouvrages : *Le Mariage de Figaro, Robert le Diable, Norma* [34]... Je ne me rappelle même plus les titres. Et tout cela par pur hasard : je ne voulais rien écrire du tout, mais un directeur de théâtre m'a dit un jour : « Je t'en prie, mon cher, écris-nous quelque chose ! » Je me dis alors : « Soit, puisqu'il y tient ! » Et là-dessus, en une seule soirée, je crois, j'ai tout écrit, et je les ai tous stupéfiés. J'ai une agilité d'esprit absolument exceptionnelle. Tout ce qui a paru sous le nom du baron Brambéousse [35], de *Frégate Nadiejda* [36], de *Télégraphe de Moscou* [37], j'en suis l'auteur.

ANNA ANDREIEVNA

Alors, le baron Brambéousse, c'était vous ?

KHLESTAKOV

Naturellement. Et je leur corrige à tous leurs articles. Smirdine[38], l'éditeur, me paie pour cela quarante mille roubles.

ANNA ANDREIEVNA

Alors, *Iouri Miloslawski*[39], c'est aussi votre œuvre ?

KHLESTAKOV

Oui, c'est mon œuvre.

ANNA ANDREIEVNA

Je m'en étais doutée tout de suite !

MARIA ANTONOVNA

Mais, petite maman, le nom de l'auteur est écrit dessus : c'est monsieur Zagoskine.

ANNA ANDREIEVNA

Ah, je le savais, que même là-dessus tu trouverais moyen de me contredire !

KHLESTAKOV

En effet, il y a un *Iouri Miloslawski* qui est de Zagoskine. Mais il y a un autre *Iouri Miloslawski,* et de cet autre, je suis l'auteur.

ANNA ANDREIEVNA

Alors, c'est certainement le vôtre que j'ai lu. Comme c'est bien écrit !

KHLESTAKOV

Je vous avouerai que je vis de ma plume. Je possède la plus belle maison de Pétersbourg ; c'est bien connu : la maison d'Ivan Alexandrovitch... *(S'adressant à tous :)* Faites-moi la grâce, messieurs, si vous venez un jour à Pétersbourg, d'être mes invités ; oui, je vous invite, je vous invite tous chez moi. Je donne également des bals.

ANNA ANDREIEVNA

J'imagine avec quel goût, avec quel faste ces bals doivent être donnés !

KHLESTAKOV

Ne m'en parlez pas ! Sur la table, par exemple, il y a toujours une pastèque, qui a coûté sept cents roubles. Quant au potage, il arrive droit de Paris, dans sa casserole, par bateau ; on soulève le couvercle, et il s'en échappe une vapeur... comme il n'en existe aucune dans la nature ! Et tous les jours, des bals ! Et nous jouons au whist, le ministre des Affaires étrangères, l'ambassadeur de France, l'ambassadeur d'Angleterre, l'ambassadeur d'Allemagne [40] et moi-même ! Et nous jouons si longtemps que le jeu finit par ne plus ressembler à rien, tant notre fatigue à tous est grande. Et quand, au retour, tu grimpes ton escalier jusqu'au quatrième étage, tu as juste le courage de crier à la cuisinière : « Tiens, Mavrouchka, prends mon manteau ! » Mais qu'est-ce que je raconte ? J'oubliais que j'habite au premier, je n'ai qu'un escalier à monter et... Mais le spectacle le plus curieux est celui qu'offre mon antichambre lorsque je ne suis pas encore réveillé. Des comtes et des princes s'y bousculent et y bourdonnent comme des frelons ; on entend seulement des j... j... j... Et parfois un ministre... *(Le Gouverneur et les autres se lèvent, confus.)* Même sur les paquets que l'on m'expédie, on écrit : « Votre Excellence [41] »... J'ai aussi dirigé une fois tout un département, au ministère. Chose curieuse, le directeur était parti, mais parti où ? On n'en savait rien. Naturellement des bruits se mirent à courir : qui le remplacerait ? Et comment ? Beaucoup de généraux se présentèrent, mais ils n'étaient pas de taille, — non, c'était trop fort pour eux ! A première vue, cela semble facile, mais si tu y regardes de plus près, alors, c'est à devenir fou !... Puis, quand tous voient qu'il n'y a rien à faire, ils se retournent vers moi. Et à la minute même, dans la rue, des estafettes, des estafettes, des estafettes... Pouvez-vous vous imaginer cela : trente-cinq mille estafettes ! Que pensez-vous de cette situation ? « Ivan Alexandrovitch, nous vous en supplions, venez diriger le département ! » J'ai été, je l'avoue, quelque peu troublé, et je suis sorti en robe de chambre ; j'ai d'abord voulu refuser, mais ensuite je me suis dit que cela irait jusqu'à l'empereur, et qu'étant donné mes états de service... et je... « Eh bien, messieurs, j'accepte votre proposition, leur dis-je ; seulement je vous préviens, avec moi il faut que les choses marchent, sinon... » Oui, c'est ainsi : souvent, quand je traverse le ministère, c'est un véritable tremblement de terre qui se produit ! Tous frémissent, tous tremblent comme des feuilles ! *(Le Gouverneur et les autres tremblent d'effroi, Khlestakov s'échauffe de plus en plus.)* Oh, je n'aime pas la plaisanterie ! Je leur ai donné une de ces frousses ! Le Conseil d'État [42] lui-même me craint. Eh oui, c'est comme cela que je suis ! Je ne me soucie de personne, je leur dis à tous : « Je sais ce que j'ai à faire, je le sais ! » Je suis partout, moi, partout ! Tous les jours je vais au palais de l'Empereur. Demain, je serai nommé feldmaréchal...

Il glisse, va s'étaler sur le parquet, mais les fonctionnaires le soutiennent avec considération.

LE GOUVERNEUR

Il s'approche, tremblant de tous ses membres et balbutie.

À vos... vos... vos...

KHLESTAKOV, *d'une voix cassante, très vite.*

Qu'est-ce qu'il y a ?

LE GOUVERNEUR

Vot... vot... votre...

KHLESTAKOV, *idem.*

Je ne comprends rien ! Tout cela, ce sont des balivernes !

LE GOUVERNEUR

Vot... Votre Excellence voudrait peut-être se reposer ? La chambre est là... et tout ce dont vous avez besoin...

KHLESTAKOV

Me reposer ? Balivernes ! Me reposer, je suis prêt... je suis tout à fait prêt à me reposer... Votre déjeuner, messieurs, fut excellent. Je suis content, je suis très content. *(Déclamant :)* De l'aiglefin ! De l'aiglefin[43] !

Il passe dans la chambre voisine, suivi du Gouverneur.

SCÈNE VII

(Les mêmes, moins Khlestakov et le Gouverneur.)

BOBTCHINSKI, *à Dobtchinski.*

Ça, Piotr Ivanovitch, c'est un homme. Oui, voilà ce qui s'appelle un homme ! De ma vie je ne me suis trouvé devant une personnalité pareille, j'ai cru mourir de peur ! Selon vous, Piotr Ivanovitch, quel grade peut-il avoir ?

DOBTCHINSKI

Je pense que c'est un général.

BOBTCHINSKI

Et moi, je pense qu'un général ne lui arrive pas à la cheville ; et si c'est un général, alors c'est un général en chef. Vous l'avez entendu : le Conseil d'État lui-même est à ses ordres ! Allons, allons vite raconter tout cela à Ammoss Fiodorovitch et à Korobkine. Au revoir, Anna Andreievna.

DOBTCHINSKI

Au revoir, chère amie.

Tous deux sortent.

ARTEMY PHILIPPOVITCH, *à Louka Loukitch.*

C'est tout simplement effrayant, et pourquoi ? Je l'ignore. Et nous qui ne sommes même pas en tenue ! Dire qu'en se réveillant, il peut envoyer à Pétersbourg un rapport qui nous... *(Il sort, rêveur, avec l'inspecteur des écoles, tout en disant :)* Au revoir, madame.

SCÈNE VIII

(Anna Andreievna et Maria Antonovna.)

ANNA ANDREIEVNA

Ah ! comme il est plaisant !

MARIA ANTONOVNA

Ah, et si gentil !

ANNA ANDREIEVNA

Et quelle éducation ! On voit tout de suite qu'il vient de la capitale. Ses manières, tout enfin... Ah, que c'est bien ! J'aime terriblement ces jeunes gens ! J'en suis folle ! Et moi, de mon côté, je lui ai beaucoup plu ; je l'ai bien remarqué, il n'avait d'yeux que pour moi !

MARIA ANTONOVNA

Mais non, petite maman, c'est moi qu'il regardait !

ANNA ANDREIEVNA

Assez de bêtises, je t'en prie ! C'est tout à fait déplacé !

MARIA ANTONOVNA

Non, petite maman, je vous assure que je dis la vérité !

ANNA ANDREIEVNA

Ah, mon Dieu, il faut absolument qu'elle me contredise, il n'y a rien à faire ! Lui, te regarder ! Mais qu'est-ce qui l'aurait poussé à te regarder ?

MARIA ANTONOVNA

Je vous jure, maman, qu'il n'a cessé de me regarder ! Et dès qu'il a commencé à parler de littérature, il a tourné ses yeux vers moi et ensuite, quand il a raconté comment il jouait au whist avec les ambassadeurs... ensuite, il m'a encore regardée.

ANNA ANDREIEVNA

Oui, peut-être, une petite fois, et encore, tout à fait par hasard. « Ah, s'est-il dit, il faut bien que je la regarde un peu ! »

SCÈNE IX

(Les mêmes et le Gouverneur.)

LE GOUVERNEUR,
entrant sur la pointe des pieds.

Chut !

ANNA ANDREIEVNA

Qu'est-ce qui se passe ?

LE GOUVERNEUR

Je regrette de l'avoir fait tant boire. Mon Dieu, et si la moitié seulement de ce qu'il a dit était vrai ! *(Songeur :)* Et comment ne serait-ce pas vrai ? Un homme qui a bu extériorise tout ! Ce qu'il a sur le cœur se porte aussitôt sur sa langue. Il a un peu exagéré, évidemment, mais si l'on n'exagère pas il n'y a plus de conversation possible. Il joue avec les ministres, il est reçu à la cour[44]. Vraiment, quand j'y pense, la tête me tourne... J'ai l'impression de me trouver en haut de quelque clocher, ou à la veille d'être pendu.

ANNA ANDREIEVNA

Eh bien, moi, je n'ai pas été intimidée du tout. Je n'ai vu en lui qu'un homme du monde, fort bien élevé, distingué, et je ne me suis guère souciée de son grade.

LE GOUVERNEUR

Ah, vous, les femmes ! Un mot, et vous voilà pâmées !... Vous, ce qui vous intéresse, ce sont les bagatelles. Pour un oui ou pour un non, vous dites ce qui vous passe par la tête... Après tout, qu'est-ce que vous risquez ? Une fessée... Mais le mari, lui, trinquera pour de bon. Évidemment, toi mon âme, tu lui parlais aussi librement qu'à un Dobtchinski.

ANNA ANDREIEVNA

Je vous conseille de ne pas vous inquiéter à ce sujet. Nous autres, femmes, nous sentons des choses qui...

Elle jette un coup d'œil à sa fille.

LE GOUVERNEUR, *à part.*

Allons, pourquoi discuter avec elles ? Ah, quelle histoire ! Je n'arrive pas à m'en remettre ! *(Il ouvre la porte et crie :)* Michka, appelle les agents Svistounov et Dierjimorda. Ils doivent se trouver par là, derrière le portail ! *(Après un court silence :)* On en voit de drôles[45], de nos jours ! Si encore il payait de mine !

Mais c'est un maigrelet, un gringalet — comment diable savoir qui il est ? Avec un militaire, on sait tout de suite à quoi s'en tenir, mais qu'un homme se mette en frac, et le voilà semblable à une mouche dont on aurait coupé les ailes. Et pourtant, il m'a bien tenu tête, à l'auberge. Il m'a débité de telles allégories, des propos si équivoques, que j'ai bien cru perdre la tête ! Bah, il a fini par se dévoiler ! Il a même parlé plus qu'il n'aurait fallu. On voit bien que c'est encore un jeune homme.

SCÈNE X

(Les mêmes et Ossip.
Tous se précipitent vers Ossip
et lui font des signes.)

ANNA ANDREIEVNA

Approche, mon ami !

LE GOUVERNEUR

Chut !... Il dort ?

OSSIP

Non, pas encore. Pour l'instant, il s'étire.

ANNA ANDREIEVNA

Dis-moi, comment t'appelle-t-on ?

OSSIP

Ossip, madame.

LE GOUVERNEUR, *à sa femme et à sa fille.*

Attendez, attendez, vous autres ! *(À Ossip :)* Eh bien, mon ami, t'a-t-on nourri suffisamment ?

OSSIP

On m'a nourri, je vous remercie, on m'a bien nourri.

ANNA ANDREIEVNA

Dis-moi, chez ton maître, je pense qu'il doit en venir, des ducs et des princes !

OSSIP, *à part.*

Qu'est-ce qu'il faut dire ? On m'a bien nourri, donc cela signifie qu'on peut me nourrir encore mieux ! *(À voix haute :)* Oui, il vient aussi des princes.

MARIA ANTONOVNA

Ossip, ma petite âme, comme ton maître est mignon !

ANNA ANDREIEVNA

Et dis-moi, je t'en prie, Ossip, comment il...

LE GOUVERNEUR

Mais taisez-vous, taisez-vous donc ! Vous me dérangez, avec tous vos discours vides ! Dis-moi, mon ami...

ANNA ANDREIEVNA

Et quel grade a-t-il, ton maître ?

OSSIP

Le grade habituel.

LE GOUVERNEUR

Ah, mon Dieu, vous, toujours avec vos questions stupides ! Pas moyen de placer un seul mot sur les affaires sérieuses... alors, mon ami, comment est-il, ton maître ? Sévère ? Rosse-t-il ses gens ?

OSSIP

Oui, il aime l'ordre. Il veut que tout marche bien.

LE GOUVERNEUR

Ta figure me plaît beaucoup. Tu dois être un brave homme, mon ami. Dis-moi...

ANNA ANDREIEVNA

Écoute, Ossip ; ton maître, là-bas, se promène-t-il en uniforme ?

LE GOUVERNEUR

Allez-vous vous taire, vous ? Quelles bavardes ! Il s'agit d'une chose importante : il y va de la vie d'un homme... *(À Ossip :)* Oui, mon ami, tu me plais vraiment beaucoup. En voyage, tu sais, un verre de thé supplémentaire ne fait pas de mal, d'autant plus que le temps est plutôt froid. Aussi, voilà deux roubles pour ton thé.

OSSIP, *prenant l'argent.*

Merci beaucoup, monsieur, que Dieu vous protège ! Vous avez aidé un pauvre homme.

LE GOUVERNEUR

Bien, bien ! J'en suis fort heureux. Mais veux-tu me dire, mon ami...

ANNA ANDREIEVNA

Écoute, Ossip : quelle est la couleur d'yeux qui plaît le plus à ton maître ?

MARIA ANTONOVNA

Ossip, ma petite âme, quel joli petit nez il a, ton maître !

LE GOUVERNEUR

Mais arrêtez-vous, laissez-moi parler ! *(A Ossip :)* Dis-moi, je t'en prie, mon ami : à quoi ton maître est-il le plus sensible ? Je veux dire : qu'est-ce qui lui fait le plus plaisir, en voyage ?

OSSIP

Ça dépend des cas. Il aime surtout être bien accueilli, traité largement...

LE GOUVERNEUR

Largement ?

OSSIP

Oui, largement. Moi-même, qui pourtant ne suis qu'un serf, il tient à ce que je sois bien traité. Mon

Dieu, oui. Et parfois, quand on arrive quelque part : « Alors, Ossip, me dit-il, on t'a bien traité ? » — « Mal, Votre Excellence. » — « Eh bien, Ossip, dit-il, c'est donc un mauvais maître. Et rappelle-le-moi quand nous serons rentrés », dit-il aussi. — « Bah, me dis-je *(faisant de la main un geste d'indifférence)*, que Dieu soit avec lui ! Moi, je suis quelqu'un de simple ! »

LE GOUVERNEUR

Bien, bien. Ma foi, tu sais parler. Tiens, je t'ai déjà donné de l'argent pour le thé, en voilà encore pour t'acheter des gâteaux.

OSSIP

Il n'y a pas de refus. Votre Excellence ! *(Il met l'argent dans sa poche.)* Je boirai à votre santé.

ANNA ANDREIEVNA

Viens me voir, Ossip, je te donnerai aussi...

MARIA ANTONOVNA

Ossip, ma petite âme, embrasse ton maître de ma part.

On entend, dans la chambre voisine, Khlestakov qui tousse légèrement.

LE GOUVERNEUR

Chut ! *(Il se dresse sur la pointe des pieds. À partir de ce moment, tout le monde parle à voix basse jusqu'à la fin de la scène.)* Seigneur, ne faites pas de bruit ! Cela suffit, allez-vous-en !

ANNA ANDREIEVNA

Viens, Machenka, je vais te dire ce que j'ai découvert en notre hôte ; et cela ne peut être dit qu'entre nous.

LE GOUVERNEUR

Je vois d'ici ce qu'elles vont se dire ! Si seulement on les écoutait, on n'aurait qu'à se boucher les oreilles ! *(Se tournant vers Ossip :)* Alors, mon ami...

SCÈNE XI

(Les mêmes, Dierjimorda et Svistounov.)

LE GOUVERNEUR

Chut ! Quels lourdauds ! Quels ours ! Quel bruit ils font, avec leurs bottes ! On dirait qu'ils déchargent une cargaison de cinq cents pouds ! Où diable étiez-vous ?

DIERJIMORDA

J'étais là où on m'avait ordonné de...

LE GOUVERNEUR

Chut ! *(Il lui ferme la bouche.)* Bavard comme une pie. *(Le singeant :)* « J'étais là où on m'a ordonné de... » Il beugle comme un bœuf dans un tonneau ! *(À Ossip :)* Et toi, mon ami, tu vas aller préparer tout ce dont ton maître a besoin. Tout ce qu'il y a dans la maison, tu peux l'exiger. *(Ossip sort.)* Et vous, tenez-vous sur le perron et n'en bougez pas ! Ne laissez entrer personne, surtout pas de marchands ! Si vous en laissez passer un seul, je vous... Et si vous voyez arriver un homme portant une requête, et même sans requête mais ressemblant à un homme qui viendrait avec une requête, n'hésitez pas à cogner, comme cela, hardiment ! *(Il donne un coup de pied dans le vide.)* Vous entendez ?... Ch... Chut !

Il sort sur la pointe des pieds derrière les agents.

ACTE IV

SCÈNE I

(Entrent doucement, presque sur la pointe des pieds, Ammoss Fiodorovitch, Artemy Philippovitch, le Directeur des Postes, Louka Loukitch, Bobtchinski et Dobtchinski, tous en grande tenue. La scène entière doit être jouée à mi-voix[46]*.)*

AMMOSS FIODOROVITCH,
disposant tout le monde en cercle.

Au nom du ciel, messieurs, en cercle, vite, et un peu plus d'ordre que ça ! Que Dieu soit avec lui ! Il fréquente la Cour, sait tout ce qui se passe au Conseil d'État !... Au garde-à-vous, messieurs, il faut absolument vous mettre au garde-à-vous ! Vous, Piotr Ivanovitch, passez vite de ce côté, et vous, Piotr Ivanovitch, mettez-vous là !

(Les deux Piotr Ivanovitch se précipitent, sur la pointe des pieds, aux places indiquées.)

ARTEMY PHILIPPOVITCH

Que votre volonté soit faite, Ammoss Fiodorovitch, mais ne croyez-vous pas que nous devons maintenant prendre des décisions ?

AMMOSS FIODOROVITCH

Et quelles décisions ?

ARTEMY PHILIPPOVITCH

Voyons, on sait bien quelle décision...

AMMOSS FIODOROVITCH

Celle de lui glisser...

ARTEMY PHILIPPOVITCH

Mais oui, pourquoi ne lui glisserions-nous pas...

AMMOSS FIODOROVITCH

Diable, c'est dangereux ! Il pourrait se mettre en colère. Voyons, c'est un homme d'État ! À moins, évidemment, de lui glisser la somme sous la forme d'un don que la noblesse ferait pour ériger un monument quelconque...

LE DIRECTEUR DES POSTES

On pourrait aussi lui dire : « Voilà, cet argent est arrivé par la poste, on ne sait pas à qui il appartient. »

ARTEMY PHILIPPOVITCH

Prenez garde qu'il ne vous envoie aussi par la poste quelque part, un peu loin... Écoutez : de telles affaires ne se traitent pas ainsi dans une société bien organisée. Pourquoi sommes-nous ici tout un escadron ? Il faut se présenter à lui individuellement, et là, entre quatre-z-yeux, on s'arrange comme il convient, pour qu'aucune oreille ne perçoive... Voilà comment on procède, dans une société bien organisée. Ammoss Fiodorovitch, c'est à vous qu'il appartient...

AMMOSS FIODOROVITCH

Non, il vaut mieux que ce soit vous ; c'est dans votre établissement qu'il a été reçu et qu'il s'est restauré.

ARTEMY PHILIPPOVITCH

Alors, que ce soit Louka Loukitch, en sa qualité d'éducateur de la jeunesse !

LOUKA LOUKITCH

Je ne peux pas, je ne peux pas, messieurs ! J'ai été, je l'avoue, éduqué de telle sorte que lorsqu'un supérieur m'adresse la parole, je perds absolument la tête, et ma langue s'empâte. Non, messieurs, pas moi, je vous en supplie, pas moi !

ARTEMY PHILIPPOVITCH

Eh bien, Ammoss Fiodorovitch, je ne vois personne à part vous, car enfin vous êtes le plus qualifié, et chacune de vos paroles est digne de Cicéron.

AMMOSS FIODOROVITCH

Que dites-vous là ? Que dites-vous là ? Cicéron ! Vous en avez, des inventions ! Que parfois je me laisse emporter, quand je parle de mes chiens, de mes limiers...

TOUS, *avec insistance.*

Non, pas de vos chiens ; de l'Histoire Sainte, aussi... Non, Ammoss Fiodorovitch, ne nous abandonnez pas, soyez notre père à tous ! Non, Ammoss Fiodorovitch !

AMMOSS FIODOROVITCH

N'insistez pas, messieurs, je vous en prie !

À ce moment, on entend Khlestakov marcher et tousser dans sa chambre. Tous se précipitent vers les portes, se bousculent, essaient de sortir, ce qui ne va pas sans exclamations étouffées.

VOIX DE BOBTCHINSKI, *déjà sorti.*

Aïe ! Piotr Ivanovitch, Piotr Ivanovitch ! Vous m'avez marché sur le pied !

VOIX DE ZIEMLIANIKA

Lâchez-moi, messieurs, de grâce, vous m'étouffez !

On entend encore des aïe ! et des oh ! puis tous parviennent à sortir et la pièce reste vide.

SCÈNE II

KHLESTAKOV

Il entre seul,
les yeux gonflés de sommeil.

J'ai ronflé convenablement, je crois ! Où donc ont-ils pris des édredons et des couvertures pareils ? Je suis en nage ! Ils ont dû m'empiffrer, hier, à déjeuner. Jusqu'à présent ça tape dans ma tête ! Je vois qu'ici on peut passer le temps de façon très agréable. J'aime la cordialité, et il me plaît, je l'avoue, qu'on me reçoive de bon cœur et pas par intérêt... La fille du gouverneur, ma foi, n'est pas mal du tout ; et même avec la mère on pourrait encore... Vraiment, je ne sais pas, mais j'aime ce genre de vie.

SCÈNE III

(Khlestakov et Ammoss Fiodorovitch.)

AMMOSS FIODOROVITCH

Il entre et s'arrête, puis à part.

Mon Dieu, mon Dieu ! Puissé-je avoir la force de supporter cette épreuve ! Voilà mes jambes qui flageolent ! *(À voix haute, se mettant au garde-à-vous :)* J'ai l'honneur de me présenter : Liapkine-Tiapkine, assesseur de collège[47], juge auprès du tribunal du district.

KHLESTAKOV

Veuillez vous asseoir. Alors vous êtes juge ici ?

AMMOSS FIODOROVITCH

Depuis 1816. La noblesse m'a élu pour trois ans, et depuis lors j'ai toujours exercé cette fonction.

KHLESTAKOV

Dites-moi : on gagne beaucoup quand on est juge ?

AMMOSS FIODOROVITCH

J'ai été deux fois réélu, et proposé pour l'ordre de Saint-Vladimir[48], de quatrième classe, sur l'avis favorable de mes supérieurs. *(À part :)* Et cet argent que j'ai dans la main ! La main me brûle !

KHLESTAKOV

J'aime assez l'ordre de Saint-Vladimir ; celui de Sainte-Anne, de troisième classe, est beaucoup moins bien[49].

AMMOSS FIODOROVITCH,
avançant imperceptiblement sa main fermée, à part.

Seigneur, je ne sais plus où je suis ! C'est comme si j'étais assis sur des charbons ardents !

KHLESTAKOV

Qu'est-ce que vous avez dans la main ?

AMMOSS FIODOROVITCH,
perdant la tête et laissant tomber les billets.

Rien du tout.

KHLESTAKOV

Comment, rien ? Mais c'est de l'argent qui vient de tomber !

AMMOSS FIODOROVITCH, *tremblant de tout son corps.*

Non, non, ce n'est rien ! *(À part :)* Mon Dieu, je suis déjà traîné devant les tribunaux ! On a déjà commandé la charrette pour m'emmener !

KHLESTAKOV, *ramassant les billets.*

Oui, c'est de l'argent.

AMMOSS FIODOROVITCH, *à part.*

Tout est fini ! Perdu, je suis perdu !

KHLESTAKOV

Savez-vous ce que vous devriez faire ? Vous devriez me prêter cette somme.

AMMOSS FIODOROVITCH

Comment donc ! Comment donc ! Avec le plus grand plaisir ! *(À part :)* Allons, courage, courage ! Sainte Mère de Dieu, sors-moi de là !

KHLESTAKOV

Vous savez, j'ai eu pas mal de frais au cours de mon voyage, c'est pourquoi... Du reste, dès que je serai sur mes terres, je vous renverrai...

AMMOSS FIODOROVITCH

Mais je vous en prie, ne vous donnez pas la peine ! C'est déjà pour moi un tel honneur ! Et croyez que de toutes mes faibles forces, par mon zèle, mon dévouement aux autorités... j'espère me montrer digne... *(Se levant de sa chaise et se mettant au garde-à-vous :)* Je n'ose vous importuner davantage par ma présence. N'avez-vous aucun ordre à me donner ?

KHLESTAKOV

Un ordre ? Quel ordre ?

AMMOSS FIODOROVITCH

Je voulais dire... que peut-être vous aviez des ordres à donner... pour notre tribunal.

KHLESTAKOV

Mais pourquoi ? En tout cas, pour l'instant, je ne vois pas... Non, je n'ai aucun ordre à donner. Je vous remercie.

AMMOSS FIODOROVITCH
Il salue pour sortir, et à part.

Sauvé !

KHLESTAKOV, *une fois resté seul.*

Ce juge est un brave homme !

SCÈNE IV

(Khlestakov et le Directeur des Postes, qui entre en uniforme et se met au garde-à-vous.)

LE DIRECTEUR DES POSTES

J'ai l'honneur de me présenter : Chpekine, Directeur des Postes, Conseiller de cour[50].

KHLESTAKOV

Soyez le bienvenu ; j'aime beaucoup me trouver en bonne compagnie. Asseyez-vous. Vous habitez toujours ici ?

LE DIRECTEUR DES POSTES

Parfaitement.

KHLESTAKOV

Votre petite ville me plaît. Bien sûr, elle n'est pas très peuplée, mais quelle importance ? Ce n'est pas une capitale, n'est-il pas vrai ? Pas une capitale ?

LE DIRECTEUR DES POSTES

Absolument vrai !

KHLESTAKOV

Le bon ton [51] n'est-ce pas, on ne le trouve que dans la capitale. C'est seulement dans la capitale qu'on ne rencontre pas ces oies de province qui... N'est-ce pas votre avis ? N'ai-je pas raison ?

LE DIRECTEUR DES POSTES

Parfaitement. *(À part :)* Il n'est pas fier, il cherche à se renseigner sur tout !

KHLESTAKOV

Avouez néanmoins qu'on peut vivre heureux même dans une petite ville ?

LE DIRECTEUR DES POSTES

Parfaitement.

KHLESTAKOV

Que faut-il pour cela ? À mon avis, tout ce qu'il faut, c'est être respecté, sincèrement aimé. N'est-ce pas vrai ?

LE DIRECTEUR DES POSTES

Absolument vrai.

KHLESTAKOV

Je me réjouis beaucoup, voyez-vous, que vous soyez de mon avis. On me trouvera peut-être étrange, mais tel est mon caractère. *(Regardant dans les yeux le Directeur des Postes, à part :)* Et si je demandais aussi à ce Directeur des Postes de me prêter... *(À voix haute :)* Figurez-vous qu'il m'arrive une très étrange histoire : j'ai dépensé tout mon argent en cours de route, et... et ne pourriez-vous pas me prêter trois cents roubles ?

LE DIRECTEUR DES POSTES

Mais parfaitement ; je suis même très honoré, très heureux... Voici, permettez... De toute mon âme, je suis absolument disposé à...

KHLESTAKOV

Très reconnaissant ! J'ai horreur, je l'avoue, de me priver en voyage de quoi que ce soit. À quoi bon, n'est-ce pas ?

LE DIRECTEUR DES POSTES

Absolument ! *(Il se lève et se met au garde-à-vous :)* Je n'ose vous importuner davantage par ma présence. Vous n'avez aucune remarque à me faire, au sujet du service des postes ?

KHLESTAKOV

Aucune. *(Le Directeur des Postes s'incline puis sort. Khlestakov allume un cigare.)* Le Directeur des Postes m'a l'air aussi d'un brave homme. En tout cas, il est très serviable. J'aime cette sorte de gens.

SCÈNE V[52]

(Khlestakov et Louka Loukitch,
qui est presque projeté par la porte.
On entend derrière lui
des exclamations presque distinctes :
« Vas-y ! De quoi as-tu peur ? »

LOUKA LOUKITCH,
se mettant non sans trembler au garde-à-vous.

J'ai l'honneur de me présenter : Khlopov, Conseiller titulaire[53], Inspecteur des Écoles.

KHLESTAKOV

Ah ! Soyez le bienvenu ! Asseyez-vous, asseyez-vous ! Un cigare ?

Il lui offre un cigare.

LOUKA LOUKITCH, *très nerveux, à part.*

En voilà une histoire ! Cela, je ne l'avais pas prévu ! Le prendre, ou ne pas le prendre ?

KHLESTAKOV

Mais prenez, prenez ! C'est un bon cigare ! Bien sûr, il ne vaut pas ceux de Pétersbourg. Là-bas, mon cher, j'ai fumé de petits cigares à vingt-cinq roubles le cent ; c'est bien simple, après les avoir fumés, on voudrait embrasser ses propres doigts. Voilà du feu ; fumez donc. *(Il lui tend la bougie ; Louka Loukitch essaie de fumer, tremblant de tout son corps.)* Mais vous le tenez par le mauvais bout !

LOUKA LOUKITCH,
laissant dans sa frayeur tomber le cigare, crache, fait un geste de la main et, à part.

Que le diable m'emporte ! Ma maudite timidité m'a perdu !

KHLESTAKOV

À ce que je vois, vous n'êtes pas un amateur de cigares. Eh bien moi, c'est mon faible, je l'avoue... Un peu comme le beau sexe. Et vous ? Lesquelles préférez-vous ? Les brunes ou les blondes ? *(Louka Loukitch, en proie à la plus grande perplexité, ne sait vraiment que répondre.)* Voyons, parlez franchement : les brunes ou les blondes ?

LOUKA LOUKITCH

Je n'ose...

KHLESTAKOV

Non, non, pas de dérobade ! Je veux absolument connaître vos goûts !

LOUKA LOUKITCH

Je me permettrai de vous dire... *(À part :)* Ah, qu'est-ce je raconte là ?

KHLESTAKOV

Ah, ah, vous ne voulez pas dire... C'est que certainement quelque brunette vous a déjà joué un petit tour ! *(Louka Loukitch se tait.)* Ah, ah, vous avez rougi ! Vous voyez, vous voyez ! Et c'est précisément la raison pour laquelle vous ne voulez pas parler !

LOUKA LOUKITCH

Vous... Votre Excellence... Votre Alt... m'intimide au point... *(À part :)* Maudite langue, tu m'as trahi, trahi !

KHLESTAKOV

Ah, vous êtes intimidé ? En effet, il y a dans mes yeux quelque chose qui intimide. En tout cas, je sais qu'aucune femme ne peut y résister. N'est-ce pas vrai ?

LOUKA LOUKITCH

Absolument vrai.

KHLESTAKOV

Figurez-vous qu'il m'arrive une étrange histoire : j'ai dépensé tout mon argent en cours de route. Ne pourriez-vous pas me prêter trois cents roubles ?

LOUKA LOUKITCH,
fouillant dans ses poches, à part.

Mon Dieu, si je ne les avais pas ! Je les ai ! Je les ai !

Il sort les billets et les tend à Khlestakov en tremblant.

KHLESTAKOV

Je vous suis très reconnaissant.

LOUKA LOUKITCH,
se mettant au garde-à-vous.

Je n'ose vous importuner davantage...

KHLESTAKOV

Au revoir !

LOUKA LOUKITCH,
qui sort presque en courant.

Dieu soit loué ! Peut-être ne visitera-t-il pas les écoles !

SCÈNE VI

(Khlestakov et Artemy Philippovitch, qui entre et se met au garde-à-vous.)

ARTEMY PHILIPPOVITCH

J'ai l'honneur de me présenter : Ziemlianika, Conseiller de Cour, Surveillant des Établissements de Bienfaisance.

KHLESTAKOV

Bonjour. Prenez place, je vous prie.

ARTEMY PHILIPPOVITCH

J'ai eu l'honneur de vous accompagner et de vous recevoir personnellement dans les établissements confiés à ma surveillance.

KHLESTAKOV

Oui, oui, je me rappelle. Vous m'avez offert un excellent déjeuner.

ARTEMY PHILIPPOVITCH

Je suis toujours heureux de bien servir la patrie.

KHLESTAKOV

J'aime, je l'avoue — c'est mon faible — la bonne cuisine. Mais dites-moi, je vous prie, il me semblait qu'hier vous étiez un peu plus petit de taille ; n'est-ce pas vrai ?

ARTEMY PHILIPPOVITCH

Cela se pourrait bien. *(Après un silence :)* Je peux vous affirmer que je n'épargne pas mes forces et me consacre entièrement à mon service. *(Il rapproche sa chaise de celle de Khlestakov et poursuit à voix basse :)* Notre directeur des postes ne fait absolument rien ; toutes les affaires sont en souffrance, tous les colis prennent du retard... Vous pourriez vous en assurer par vous-même. Et le juge, que vous avez vu il y a un instant, n'a d'autre occupation que la chasse au lièvre ; il garde ses chiens dans le prétoire, et sa conduite — pour le bien de la patrie, je dois vous dévoiler sa conduite, bien qu'il soit mon parent et ami — sa conduite est abominable. Il y a ici un propriétaire nommé Dobtchinski, que du reste vous avez bien voulu voir ; eh bien, à peine ce Dobtchinski est-il sorti de chez lui que le juge est déjà là, installé aux côtés de sa femme. Je suis prêt à le jurer... Il n'y a qu'à regarder les enfants ; aucun d'eux ne ressemble à Dobtchinski, mais tous, et même la petite fille, la dernière, ressemblent au juge comme deux gouttes d'eau.

KHLESTAKOV

Vraiment ! Je ne l'aurais jamais cru !

ARTEMY PHILIPPOVITCH

Et l'Inspecteur des Écoles ! Je ne comprends pas comment les autorités ont pu lui confier ce poste ; il est pire qu'un jacobin, et il inculque à la jeunesse des principes si détestables qu'on hésite même à les exprimer. Mais si vous le désirez, je peux vous exposer tout cela par écrit.

KHLESTAKOV

Bien, bien, par écrit. Cela me sera très agréable. Voyez-vous, j'aime, lorsque je m'ennuie, lire quelque chose de distrayant. Comment vous appelez-vous ? J'oublie toujours...

ARTEMY PHILIPPOVITCH

Ziemlianika.

KHLESTAKOV

Oui, bien sûr, Ziemlianika ! Et dites-moi, je vous prie, avez-vous des enfants ?

ARTEMY PHILIPPOVITCH

Comment donc ! J'en ai cinq, et deux sont déjà grands.

KHLESTAKOV

Ah, déjà grands ! Et comment sont-ils ? Comment sont-ils de leur...

ARTEMY PHILIPPOVITCH

Vous désirez sans doute savoir comment on les appelle.

KHLESTAKOV

Oui, comment les appelle-t-on ?

ARTEMY PHILIPPOVITCH

Nicolas, Ivan, Élisabeth, Maria et Perepetouia.

KHLESTAKOV

Très bien !

ARTEMY PHILIPPOVITCH

Je n'ose vous déranger davantage, abuser davantage d'un temps que vous consacrez à de saintes obligations.

Il s'incline là-dessus et s'apprête à sortir.

KHLESTAKOV, *l'accompagnant.*

Non cela ne fait rien ! Tout ce que vous m'avez dit est très drôle. Et si vous le voulez bien, une autre fois… Cela me plaît beaucoup. *(Il revient et crie par la porte ouverte :)* Eh, vous… Comment vous appelez-vous ? J'oublie toujours votre nom.

ARTEMY PHILIPPOVITCH, *rentrant.*

Artemy Philippovitch…

KHLESTAKOV

Je vous serais très reconnaissant, Artemy Philippovitch… Il m'arrive une étrange histoire : j'ai dépensé tout mon argent en cours de route. N'auriez-vous pas quatre cents roubles à me prêter ?

ARTEMY PHILIPPOVITCH

Je les ai.

KHLESTAKOV

Voilà qui tombe bien. Je vous remercie beaucoup.

SCÈNE VII

(Khlestakov, Bobtchinski et Dobtchinski.)

BOBTCHINSKI

J'ai l'honneur de me présenter : un habitant de cette ville, Piotr, fils d'Ivan Bobtchinski.

DOBTCHINSKI

Un propriétaire foncier : Piotr, fils d'Ivan Dobtchinski.

KHLESTAKOV

Mais nous nous sommes déjà rencontrés ! C'est bien vous, il me semble, qui êtes tombé ? Alors, votre nez, comment va-t-il ?

BOBTCHINSKI

Dieu soit loué, ne vous inquiétez pas ! La plaie est maintenant sèche, complètement sèche.

KHLESTAKOV

Il est fort bien qu'elle soit sèche. Je suis heureux... *(Brusquement :)* Auriez-vous de l'argent ?

DOBTCHINSKI

De l'argent ? Comment, de l'argent ?

KHLESTAKOV

À me prêter. Mille roubles !

BOBTCHINSKI

Une telle somme, mon Dieu, non ! Mais vous, Piotr Ivanovitch, ne l'auriez-vous pas ?

DOBTCHINSKI

Je ne l'ai pas sur moi car j'ai placé mon argent, si vous désirez le savoir, à la Caisse de Bienfaisance[54].

KHLESTAKOV

Oh ! si vous n'avez pas mille roubles... Eh bien, donnez-m'en une centaine.

BOBTCHINSKI, *fouillant dans ses poches.*

Vous n'auriez pas cent roubles, Piotr Ivanovitch ? Je n'en ai sur moi que quarante.

DOBTCHINSKI, *regardant dans son portefeuille.*

Vingt-cinq roubles seulement.

BOBTCHINSKI

Voyons, cherchez mieux, Piotr Ivanovitch ! Je sais que vous avez dans votre poche droite une petite fente ; si bien que quelques billets peuvent s'y être glissés.

DOBTCHINSKI

Non, vraiment, dans la fente non plus, je ne vois pas...

KHLESTAKOV

Aucune importance, je disais cela uniquement au cas où... Mais soixante-cinq roubles me suffiront... Aucune importance !

Il prend l'argent.

DOBTCHINSKI

Puis-je me permettre de vous adresser une requête, au sujet d'une affaire très délicate ?

KHLESTAKOV

De quoi s'agit-il ?

DOBTCHINSKI

D'une affaire extrêmement délicate : mon fils aîné, voyez-vous, est venu au monde avant mon mariage.

KHLESTAKOV

Ah oui ?

DOBTCHINSKI

C'est, à vrai dire, une façon de parler, car je l'ai conçu exactement comme s'il y avait eu mariage et j'ai d'ailleurs par la suite légalisé comme il convient la situation en me mariant. Eh bien, j'aurais désiré, voyez-vous, qu'il devînt tout à fait mon fils, c'est-à-dire mon fils légal, et qu'il pût porter le même nom que moi, le nom de Dobtchinski.

KHLESTAKOV

Eh bien, qu'il porte ce nom, je n'y vois pas d'inconvénient.

DOBTCHINSKI

Je ne voulais pas vous importuner, mais ce serait gâcher de telles capacités !... Ce gamin, voyez-vous, donne de grandes espérances : il récite par cœur différentes poésies, et dès qu'un canif lui tombe sous la main, il se met à fabriquer des petites charrettes, si artistiquement... On dirait un prestidigitateur... Piotr Ivanovitch le sait bien.

BOBTCHINSKI

Oui, il a de grandes capacités.

KHLESTAKOV

Très bien, très bien. Je ferai mon possible, j'en parlerai à... et j'espère... On arrangera tout cela, oui, oui... *(À Bobtchinski :)* N'auriez-vous pas, vous aussi, quelque chose à me demander ?

BOBTCHINSKI

Oh, si, j'ai une grande prière à vous adresser !

KHLESTAKOV

À quel sujet ?

BOBTCHINSKI

Je vous serais extrêmement reconnaissant, quand vous irez à Pétersbourg, de dire à toutes les notabilités de là-bas, aux sénateurs[55], aux amiraux, que... Voilà : « Votre Excellence, ou Votre Altesse, dans telle ville, vit Piotr Ivanovitch Bobtchinski ». Dites bien « vit Piotr Ivanovitch Bobtchinski ».

KHLESTAKOV

Très bien.

BOBTCHINSKI

Et si jamais vous rencontrez l'empereur, alors dites à l'empereur que... voilà : « Votre Majesté Impériale, dans telle ville vit Piotr Ivanovitch Bobtchinski. »

KHLESTAKOV

Très bien.

DOBTCHINSKI

Excusez-nous d'avoir par notre présence abusé de votre patience.

BOBTCHINSKI

Excusez-nous d'avoir par notre présence abusé de votre patience.

KHLESTAKOV

Cela ne fait rien, cela ne fait rien ! J'ai été très heureux...

Il les reconduit.

SCÈNE VIII

KHLESTAKOV, *seul.*

Il y a ici beaucoup de fonctionnaires, et j'ai l'impression qu'ils me prennent tous pour un homme d'État. Je leur ai vraiment jeté de la poudre aux yeux, hier. Quels imbéciles ! Je vais écrire tout cela à Triapitchkine, à Pétersbourg. Il les arrangera bien, dans un de ses articles ! Eh, Ossip ! Donne-moi du papier et de l'encre ! *(Ossip passe la tête dans l'entrebâillement de la porte et dit : « Tout de suite ! »)* Gare à celui qui tombe sous la dent de Triapitchkine ! Pour faire un bon mot, il n'épargnerait ni père ni mère... Et de plus, il aime l'argent ! Du reste, ces fonctionnaires sont de braves gens, il faut bien le reconnaître : ils m'ont prêté de l'argent, voilà qui prouve leur bon caractère. Voyons, si je comptais ce que j'ai ! Trois cents du Juge, trois cents du Directeur des Postes, trois cents, six cents, sept cents, huit cents... Oh, que ces billets sont graisseux ! Huit cents, neuf cents... Eh, eh, on dépasse les mille ! Eh bien, maintenant, mon capitaine, si tu tombais de nouveau sur moi, tu verrais qui je suis !

SCÈNE IX

(Khlestakov et Ossip,
qui entre avec de l'encre et du papier.)

KHLESTAKOV

Eh bien, tu vois, imbécile, comment on me traite, comment on me reçoit !

Il commence à écrire.

OSSIP

Oui, Dieu soit loué ! Seulement vous savez, Ivan Alexandrovitch...

KHLESTAKOV

Vous savez quoi ?

OSSIP

Partez d'ici ! Il est grand temps, je vous le jure !

KHLESTAKOV, *tout en écrivant.*

Quelle sottise ! Pourquoi partir ?

OSSIP

Comment ça ! Que Dieu soit avec eux tous ! Vous vous êtes promené ici pendant deux jours, cela suffit ! À quoi bon se lier plus longuement avec eux ? Crachez-leur dessus ! On ne sait jamais... Et si quelqu'un d'autre allait arriver ? Je vous assure, Ivan Alexandrovitch ! Et puis les chevaux, ici, sont excellents ! On ferait un si bon voyage...

KHLESTAKOV, *il écrit.*

Non, j'ai envie de rester encore. On verra... demain.

OSSIP

Demain ! Je vous en supplie, allons-nous-en, Ivan Alexandrovitch. On vous fait beaucoup d'honneur, mais je vous assure, il vaut mieux partir au plus vite. On vous a pris pour quelqu'un d'autre, voyons ! Et puis votre père se mettra en colère, si vous tardez trop... Vraiment, on ferait un si bon voyage ! On nous donnerait des chevaux magnifiques !

KHLESTAKOV, *il écrit.*

Eh bien, soit. Mais porte d'abord cette lettre et, par la même occasion, tu demanderas la feuille de route. Mais veille à ce que nous ayons de bons chevaux. Dis aux cochers que je leur donnerai un sérieux pourboire, afin qu'ils nous emmènent bon train, comme ils emmèneraient des feld-généraux, et aussi qu'ils nous chantent des chansons ! *(Il écrit toujours.)* Ah, je vois la tête que fera Triapitchkine ! Oui, il en mourra de rire !

OSSIP

Je vais la faire porter par quelqu'un d'ici ; moi, il vaut mieux que je m'occupe de la malle, pour ne pas perdre de temps.

KHLESTAKOV, *il écrit.*

Bien, mais apporte-moi une bougie.

OSSIP

Il sort, mais on entend sa voix en coulisse.

Eh, frère, écoute ! Tu vas porter une lettre à la poste. Et dis au Directeur des Postes qu'il la prenne sans argent ; et aussi qu'on amène tout de suite à mon maître la meilleure des troïkas. Tu diras aussi que mon maître ne paiera pas, que ce sera aussi au compte du gouvernement. Et fais vite, fétu de paille, sinon mon maître se fâchera ! Attends, la lettre n'est pas encore prête.

KHLESTAKOV, *tout en continuant d'écrire.*

Je voudrais bien savoir où il habite à présent. Rue de la Poste ? Rue des Pois [56] ? C'est que lui aussi aime déménager fréquemment sans payer ! Ma foi, je vais lui écrire rue de la Poste.

Il plie la lettre, écrit l'adresse. Entre Ossip, une bougie à la main. Khlestakov cachette la lettre. Pendant ce temps on entend la voix de Dierjimorda :

VOIX DE DIERJIMORDA

Qu'est-ce que tu viens faire, vieil abruti ? On te dit que personne n'a le droit d'entrer !

KHLESTAKOV

Il remet la lettre à Ossip.

Tiens, porte-la.

VOIX DES MARCHANDS

Laisse-nous entrer, petit père ! Tu ne peux pas ne pas nous laisser entrer ! Nous sommes venus pour affaires.

VOIX DE DIERJIMORDA

Hors d'ici, ouste, ouste ! Il ne vous recevra pas ; il dort !

Le bruit s'intensifie.

KHLESTAKOV

Qu'est-ce qui se passe, Ossip ? Va voir d'où vient tout ce vacarme !

OSSIP, *regardant par la fenêtre.*

Ce sont des marchands qui veulent entrer, mais l'agent de police les repousse. Ils agitent des papiers ; ils veulent certainement vous voir.

KHLESTAKOV, *s'approchant de la fenêtre.*

Que voulez-vous, mes amis ?

VOIX DES MARCHANDS

Nous en appelons à ta miséricorde, Seigneur ! Nous te supplions de recevoir notre requête !

KHLESTAKOV

Laissez-les entrer ! Qu'ils viennent donc ! Ossip, dis-leur qu'ils peuvent venir ! *(Ossip sort. Khlestakov prend par la fenêtre les requêtes qu'agitent les marchands, déplie l'une d'elles et lit :)* « À son Altesse Sérénissime le Monsieur des Finances[57], de la part du marchand Abdouline »... Le diable seul sait ce que ça veut dire ! Un titre pareil, ça n'existe pas !

SCÈNE X

(Khlestakov et les marchands qui entrent avec une bonbonne de vin et des pains de sucre.)

KHLESTAKOV

Que voulez-vous, bonnes gens ?

LES MARCHANDS

Nous saluons bien bas Votre Excellence.

LES MARCHANDS

Aie pitié de nous, Seigneur ! On nous persécute sans raison !

KHLESTAKOV

Qui donc ?

LES MARCHANDS

Le Gouverneur, toujours ! Jamais on n'a vu un Gouverneur pareil, Seigneur ! Il nous fait tant de misères, qu'il est impossible de les décrire. Il nous accable de réquisitions ! Autant se mettre la corde au cou tout de suite ! Il ne se conduit pas comme on doit se conduire. Il nous attrape par la barbe, et il dit : « Eh, toi Tatare[58] ? » Oui, c'est ce qu'il nous dit. Si encore nous lui avions manqué de respect en quoi que ce soit ! Mais nous n'avons jamais enfreint les règles ; tout ce qu'il lui faut pour les robes de sa femme et de sa fille, nous le lui donnons sans discuter. Mais ce n'est jamais assez, à son gré. Il en veut toujours plus, eh, eh ! Il entre dans la boutique, et tout ce qui lui tombe sous la main, il le rafle. Il voit une pièce de drap ? Le voilà qui dit : « Eh, mon cher, c'est une bonne pièce de drap, tu vas me la faire porter ! » Et on est bien forcé de la lui faire porter. Et c'est une pièce d'au moins cinquante archines[59] !

KHLESTAKOV

Pas possible ! Mais alors, c'est un gredin !

LES MARCHANDS

Ah oui, c'en est un ! Jamais personne n'a vu un Gouverneur pareil ! C'est bien simple, dès qu'on l'aperçoit on cache tout ce qu'il y a dans la boutique. Si encore il ne prenait que des choses délicates ! Mais non, il prend la première saleté venue : des pruneaux, comprenez-vous, qui sont dans leur tonneau depuis sept ans, dont nos domestiques eux-mêmes ne voudraient pas, lui, il ne demande qu'à les prendre ! Sa fête, c'est la Saint-Antoine, et il dit que la Saint-Onufre, c'est aussi sa fête ! Alors que faire ? Il faut fêter aussi, de la même façon, la Saint-Onufre !

KHLESTAKOV

Mais c'est tout simplement un bandit !

LES MARCHANDS

Eh, eh ! Allez donc protester ! Il nous enverrait à domicile tout un régiment de gardes, ou bien il nous ferait fermer boutique. « Je ne te fouetterai pas, dit-il, je ne te soumettrai pas à la torture, car c'est, dit-il, interdit par la loi ; mais toi, mon ami, tu ne mangeras que du hareng saur[60] ! »

KHLESTAKOV

Ah, le gredin ! Il mériterait la Sibérie !

LES MARCHANDS

Que Ta Grâce l'envoie où elle voudra, ce sera bien. Et plus loin ce sera d'ici, mieux cela vaudra. Ne dédaigne pas, petit père, le pain et le sel[61] que nous t'offrons : nous sommes venus chargés de sucre et de vin.

KHLESTAKOV

Non, vous vous trompez, je n'accepte jamais les pots-de-vin ; mais si vous pouviez, par exemple, me prêter trois cents roubles, alors ce serait une toute autre affaire. Je peux toujours accepter un prêt.

LES MARCHANDS

Certainement, petit père ! *(Ils tirent de leur poche des billets de banque.)* Mais pourquoi trois cents ? Cinq cents valent mieux ! Seulement, viens à notre secours.

KHLESTAKOV

Soit ; du moment que c'est un prêt, je ne dis rien, j'accepte.

LES MARCHANDS
lui présentant de l'argent sur un plat d'argent.

Nous t'en prions, prends le plat avec !

KHLESTAKOV

Eh bien, va pour le plat !

LES MARCHANDS, *s'inclinant.*

Et prends en même temps le sucre !

KHLESTAKOV

Ça non, pas de pots-de-vin !

OSSIP

Excellence, pourquoi n'acceptez-vous pas ? Prenez-le donc ! En route, tout peut servir. Allez, donnez tout cela, les pains de sucre, la bonbonne et le reste, donnez tout, rien ne sera perdu. Qu'est-ce que vous avez là ? De la ficelle ? En bien, donnez la ficelle, la ficelle aussi peut servir en voyage ; la voiture casse, ou autre chose, on a toujours à ficeler quelque chose.

LES MARCHANDS

Ainsi, nous pouvons compter sur vous, Excellence ? Si vous ne nous venez pas en aide, nous ne saurons plus que devenir, nous n'aurons plus qu'à nous mettre la corde au cou !

KHLESTAKOV

Certainement, certainement, je ferai l'impossible ! *(Les marchands sortent, on entend la voix d'une femme : « Non, tu n'oseras pas m'empêcher d'entrer ! Je me plaindrai de toi, à lui ! Ne me pousse pas comme ça, tu me fais mal ! »)* Qui vient là ? *(Il s'approche de la fenêtre.)* Qu'est-ce qu'il y a, petite mère ?

VOIX DE DEUX FEMMES

Excellence ! Petit père ! Je t'en supplie ! Veuille nous entendre ! Seigneur !

KHLESTAKOV, *à la fenêtre.*

Qu'on les laisse entrer !

SCÈNE XI[62]

(Khlestakov, la femme du serrurier et la femme du sous-officier.)

LA FEMME DU SERRURIER, *saluant très bas.*

Ayez pitié !...

LA FEMME DU SOUS-OFFICIER

Ayez pitié !...

KHLESTAKOV

Mais qui êtes-vous ?

LA FEMME DU SOUS-OFFICIER

La femme d'Ivanov, sous-officier.

LA FEMME DU SERRURIER

La femme du serrurier, Fevronia Petrovna Pochliopkina, petit père.

KHLESTAKOV

Attendez... Non, parle la première. Qu'est-ce que tu veux, toi ?

LA FEMME DU SERRURIER

Je demande justice. Oui, contre le Gouverneur ! Que Dieu l'accable de tous les maux ! Que sur ce gredin, sur ses enfants, sur ses oncles, sur ses tantes, tombe la malédiction !

KHLESTAKOV

Mais pourquoi ?

LA FEMME DU SERRURIER

Il a obligé mon mari à s'engager dans l'armée. Ce n'était pas son tour. Ah, le gredin ! Et puis la loi l'interdit, puisqu'il est marié[63] !

KHLESTAKOV

Mais alors, comment a-t-il pu faire ?

LA FEMME DU SERRURIER

Il l'a fait, le gredin, il l'a fait ! Que Dieu le frappe dans ce monde et dans l'autre, que sa tante, si jamais il a une tante, que sa tante connaisse toutes les calamités, et que son père, s'il est encore vivant, crève, s'étrangle pour l'éternité ! La canaille ! C'était au fils du tailleur, de partir, un ivrogne en plus ; mais ses parents ont envoyé un riche cadeau au Gouverneur, alors il s'est rabattu sur le fils de la marchande Panteleieva ; seulement la marchande Panteleieva a envoyé à son tour un cadeau : trois pièces de toile pour sa femme ! Alors il est venu chez moi : « À quoi te sert ton mari ? me dit-il. Il ne te sert plus à rien. » Seulement, c'est à moi de savoir s'il me sert ou s'il ne me sert pas ! Ah, le gredin ! « C'est un voleur, dit-il, bien que jusqu'à présent il n'ait pas encore volé ; mais ça ne fait rien, il volera ; et de toute manière on le prendra comme recrue l'an prochain. » Mais qu'est-ce que je peux faire, maintenant, sans mari ? Ah, le gredin ! Je ne suis qu'une pauvre créature, moi ! Ah, le salaud ! Que toute ta lignée soit privée de la lumière du jour ! Et si tu as une belle-mère, alors, que ta belle-mère...

KHLESTAKOV

Bien, bien ! *(À la femme du sous-officier :)* Et toi ?

Il accompagne la femme du serrurier jusqu'à la porte.

LA FEMME DU SERRURIER, *en sortant.*

Ne m'oublie pas, petit père ! Aie pitié !

LA FEMME DU SOUS-OFFICIER

C'est du Gouverneur, petit père, que je viens me plaindre.

KHLESTAKOV

Pourquoi ? Qu'est-ce qu'il y a ? Parle, mais sois brève !

LA FEMME DU SOUS-OFFICIER

Il m'a fait fouetter, petit père !

KHLESTAKOV

Comment cela ?

LA FEMME DU SOUS-OFFICIER

Par erreur, petit père. Les femmes se sont battues au marché et la police est arrivée trop tard. Alors on m'a attrapée et fouettée ; pendant deux jours je n'ai pas pu m'asseoir !

KHLESTAKOV

Que peut-on y faire, maintenant ?

LA FEMME DU SOUS-OFFICIER

On ne peut rien y faire, bien sûr, mais oblige-le à me payer une indemnité pour cette erreur. Je n'ai pas à me plaindre de mon sort, mais de l'argent, il m'en faudrait.

KHLESTAKOV

Bien, bien ! Je vais m'en occuper. *(Des mains surgissent à la fenêtre, tendant des requêtes.)* Mais qu'est-ce que c'est encore ? *(Il s'approche de la fenêtre.)* Je ne veux pas, je ne veux pas ! Inutile, inutile ! *(Il s'éloigne de la fenêtre.)* Que le diable les emporte, ils m'ennuient, à la fin ! Ossip, ne les laisse pas entrer !

OSSIP, *criant à la fenêtre.*

Allez ! Allez ! C'est trop tard ! Revenez demain ! *(La porte s'ouvre et on aperçoit un homme vêtu d'un long manteau, mal rasé, les lèvres enflées, une joue bandée. Derrière l'homme, quelques silhouettes.)* Allez-vous-en, allez-vous-en ! Inutile d'insister !

Il repousse l'homme au long manteau et sort avec lui en refermant la porte.

SCÈNE XII

(Khlestakov et Maria Antonovna.)

MARIA ANTONOVNA

Ah !

KHLESTAKOV

Pourquoi vous effrayez-vous, mademoiselle ?

MARIA ANTONOVNA

Mais non, je n'ai pas été effrayée.

KHLESTAKOV, *avec affectation.*

Je vous en prie, mademoiselle ! J'aurais été au contraire très agréablement surpris que vous me preniez pour un homme qui... Oserai-je vous demander où vous aviez l'intention d'aller ?

MARIA ANTONOVNA

Je n'allais nulle part, je vous assure.

KHLESTAKOV

Et pourquoi n'alliez-vous nulle part ?

MARIA ANTONOVNA

Je pensais que maman était peut-être ici.

KHLESTAKOV

Non. Je voulais savoir pourquoi vous n'alliez nulle part ?

MARIA ANTONOVNA

Oh, je vous ai dérangé ! Vous vous occupiez certainement d'affaires très importantes !

KHLESTAKOV

Vos yeux ne sont-ils pas plus importants que toutes les affaires importantes ? Vous ne pouvez aucunement me déranger, vous ne le pouvez d'aucune manière ; tout au contraire, vous ne pouvez que me faire plaisir !

MARIA ANTONOVNA

Vous parlez comme un homme de la capitale !

KHLESTAKOV

Quand j'ai affaire à une créature aussi délicieuse que vous ! Oserai-je avoir le bonheur de vous offrir une chaise ? Mais non, ce n'est pas une chaise qu'il vous faudrait, c'est un trône !

MARIA ANTONOVNA

Vraiment, je ne sais pas... Je devais aller...

Elle s'assied.

KHLESTAKOV

Quel merveilleux petit fichu vous avez là !

MARIA ANTONOVNA

Comme vous êtes moqueurs, tous ! Cela vous amuse, de confondre une pauvre provinciale !

KHLESTAKOV

Ah, j'aimerais, mademoiselle, être votre fichu, pour enlacer votre cou blanc comme lis.

MARIA ANTONOVNA

Je ne comprends pas du tout de quoi vous parlez. Quel fichu... Il fait un temps si bizarre, aujourd'hui !

KHLESTAKOV

Vos petites lèvres, mademoiselle, valent mieux que n'importe quel temps !

MARIA ANTONOVNA

Vous dites toujours des... Je vous demanderai plutôt de m'écrire quelques vers sur mon album... en guise de souvenir. Vous en connaissez certainement beaucoup.

KHLESTAKOV

Pour vous, mademoiselle, je ferais n'importe quoi ! Exigez seulement : quels vers vous faut-il ?

MARIA ANTONOVNA

Je ne sais pas. Des vers qui seraient beaux, qui seraient nouveaux...

KHLESTAKOV

Des vers ! C'est que j'en connais tant !

MARIA ANTONOVNA

Alors, dites-moi ceux que vous m'écrirez.

KHLESTAKOV

Pour quoi faire, puisque de toute façon je les connais !

MARIA ANTONOVNA

J'aime tellement les vers...

KHLESTAKOV

J'en connais beaucoup, et de toutes sortes. Tenez, ne seraient-ce que ceux-ci : « O toi, homme qui dans la douleur te plains en vain de Dieu [64]... » ou ceux-là : ...Ah, je ne me les rappelle plus ! D'ailleurs, cela n'a aucune importance. Plutôt que de vous les réciter, j'aime mieux vous dire mon amour, que vos regards...

Il rapproche sa chaise.

MARIA ANTONOVNA

L'amour ! Je ne sais pas ce qu'est l'amour ! Je n'ai jamais su ce qu'était l'amour...

Elle éloigne sa chaise.

KHLESTAKOV, *rapprochant sa chaise.*

Pourquoi éloignez-vous votre chaise ? Nous serions tellement mieux, assis l'un près de l'autre !

MARIA ANTONOVNA, *éloignant encore sa chaise.*

Pourquoi être près l'un de l'autre ? Si nous sommes loin, quelle importance ?

KHLESTAKOV, *rapprochant sa chaise.*

Pourquoi être loin l'un de l'autre ? Si nous sommes près, quelle importance ?

MARIA ANTONOVNA, *éloignant sa chaise.*

Mais pourquoi ?

KHLESTAKOV

Il vous semble que nous sommes près l'un de l'autre, mais imaginez-vous que nous sommes loin l'un de l'autre... Comme je serais heureux, mademoiselle, si je pouvais vous serrer dans mes bras !

MARIA ANTONOVNA, *regardant par la fenêtre.*

On dirait que quelque chose vole, là-bas. Est-ce une pie, ou bien... quelque autre oiseau ?

KHLESTAKOV, *lui baisant l'épaule puis regardant par la fenêtre.*

C'est une pie.

MARIA ANTONOVNA, *se levant, furieuse.*

Non, cela, c'est trop ! Quelle impudence !

KHLESTAKOV, *la retenant.*

Excusez-moi, mademoiselle, j'ai fait cela par amour, uniquement par amour !

MARIA ANTONOVNA, *essayant de se dégager.*

Vous me prenez donc pour une de ces provinciales qui...

KHLESTAKOV, *la retenant toujours.*

Par amour, vraiment par amour ! Je plaisantais seulement, Maria Antonovna, ne vous fâchez pas ! J'accepte de vous demander pardon à genoux. *(Il tombe à genoux.)* Pardon, pardon ! Vous voyez, je suis à genoux !

SCÈNE XIII

(Les mêmes et Anna Andreievna.)

ANNA ANDREIEVNA, *voyant Khlestakov à genoux.*

Ah, quelle surprise !

KHLESTAKOV, *se relevant.*

Diable !

ANNA ANDREIEVNA, *à sa fille.*

Qu'est-ce que cela signifie, mademoiselle ? Est-ce là une conduite qui...

MARIA ANTONOVNA

Je... Petite maman...

ANNA ANDREIEVNA

Hors d'ici, tu entends ! Hors d'ici ! Hors d'ici ! Et ne te présente plus à mes yeux. *(Maria Antonovna sort en pleurant.)* Excusez-moi, mais je l'avoue, j'ai été stupéfaite !

KHLESTAKOV, *à part.*

Après tout, elle n'est pas mal non plus, assez appétissante ! *(Il tombe à genoux.)* Madame, vous voyez, je brûle d'amour [65] !

ANNA ANDREIEVNA

Comment ! Vous, à genoux ! Ah, levez-vous, levez-vous ! Ce parquet n'est pas propre !

KHLESTAKOV

Non, à genoux, indiscutablement à genoux ! Je veux savoir ce qui m'attend, la vie ou la mort !

ANNA ANDREIEVNA

Mais permettez... Je ne comprends pas encore tout à fait la signification de vos paroles. Si je ne me trompe pas, vous me faites une déclaration concernant ma fille ?

KHLESTAKOV

Non, c'est vous que j'aime ! Ma vie ne tient qu'à un fil ! Si vous n'acceptez pas mon amour éternel, alors je suis indigne de l'existence terrestre. Le cœur embrasé, je vous demande votre main.

ANNA ANDREIEVNA

Mais permettez... Je dois vous faire remarquer... Je suis en quelque sorte... mariée.

KHLESTAKOV

Quelle importance ? L'amour ne connaît aucune distinction, et Karamzine a dit : « Si les lois nous condamnent, nous fuirons à l'ombre des[66]... » Votre main ! Je demande votre main !

SCÈNE XIV

(Les mêmes et Maria Antonovna qui rentre en courant.)

MARIA ANTONOVNA

Petite maman ! Petit papa a dit que vous... *(Voyant Khlestakov à genoux :)* Ah, quelle surprise !

ANNA ANDREIEVNA

Eh bien, quoi, qu'est-ce qu'il y a ? Pourquoi... Quelle écervelée ! La voilà qui arrive, comme une chatte en chaleur ! Qu'y a-t-il donc là de si surprenant ? Qu'est-ce que tu t'es encore imaginé ? Vraiment, tu te comportes comme une enfant de trois ans ! C'est à ne pas croire, à ne pas croire, à ne pas croire du tout qu'elle a dix-huit ans ! Je me demande quand tu seras enfin raisonnable, quand tu sauras te comporter comme une jeune fille convenable, quand tu apprendras ce que signifie une bonne éducation et la maîtrise de soi-même !

MARIA ANTONOVNA, *à travers ses larmes.*

Vraiment, petite maman, je ne savais pas...

ANNA ANDREIEVNA

Tu as toujours dans la tête on ne sait quel courant d'air. Tu prends exemple sur les filles de Liapkine-Tiapkine ; quel besoin as-tu de les regarder, aussi ? Il ne faut pas les regarder ! Tu as d'autres exemples sous les yeux ; tu as devant toi ta mère. Voilà l'exemple que tu dois suivre !

KHLESTAKOV,
saisissant la main de la jeune fille.

Anna Andreievna, ne vous opposez pas à notre félicité ! Bénissez notre éternel amour !

ANNA ANDREIEVNA, *stupéfaite.*

Alors c'est d'elle que...

KHLESTAKOV

Décidez : la vie ou la mort !

ANNA ANDREIEVNA

Eh bien, tu vois, imbécile, eh bien, tu vois : c'est pour toi, espèce de saleté, que notre hôte a bien voulu se mettre à genoux ; et toi, tu es accourue comme une folle ! Vraiment, tu mériterais que je refuse exprès ; tu es indigne d'un tel bonheur !

MARIA ANTONOVNA

Je ne le ferai plus, petite maman, je vous le jure, je ne le ferai plus !

SCÈNE XV

(Les mêmes et le Gouverneur, qui entre, essoufflé.)

LE GOUVERNEUR

Votre Excellence, ne m'accablez pas, ne m'accablez pas !

KHLESTAKOV

Mais qu'avez-vous ?

LE GOUVERNEUR

Des marchands sont venus se plaindre à Votre Excellence. Je vous le jure sur l'honneur, de tout ce qu'ils vous ont raconté, il n'y a pas une moitié de vrai ! Eux-mêmes trompent et grugent le peuple. La femme du sous-officier vous a menti en prétendant que je l'ai fait fouetter ; elle a menti, par Dieu, elle a menti ! C'est elle-même qui s'est fouettée !

KHLESTAKOV

Il s'agit bien de la femme du sous-officier !

LE GOUVERNEUR

Ne les croyez pas ! Ne les croyez pas ! Ce sont de tels menteurs ! Un enfant ne les croirait même pas ! Ils sont déjà connus dans toute la ville pour leurs mensonges ! Quant à leur fripouillerie… j'ose vous le dire : ce sont des fripouilles comme il n'y en a pas dans le monde !

ANNA ANDREIEVNA

Sais-tu l'honneur que nous fait Ivan Alexandrovitch ? Il demande la main de notre fille.

LE GOUVERNEUR

Quoi ? De qui ? Mais tu as complètement perdu la tête, ma pauvre amie ! Veuillez l'excusez, Excellence, elle est un peu faible d'esprit, cela lui vient de sa mère.

KHLESTAKOV

Pardon ! Je demande réellement la main de votre fille. Je suis épris d'elle.

LE GOUVERNEUR

Je ne puis croire, Excellence...

ANNA ANDREIEVNA

Puisqu'il te le dit !

KHLESTAKOV

Je ne plaisante pas... Et je peux très bien, par amour, perdre la raison.

LE GOUVERNEUR

Je n'ose croire... Je suis indigne d'un tel honneur !

KHLESTAKOV

Eh bien, si vous ne consentez pas à m'accorder la main de Maria Antonovna, le diable m'emporte, je ne réponds pas de moi !

LE GOUVERNEUR

Je ne puis croire... Vous voulez plaisanter, Excellence !

ANNA ANDREIEVNA

Ah, quel nigaud, mon Dieu ! Puisqu'on te le répète !

LE GOUVERNEUR

Je ne peux croire...

KHLESTAKOV

Accordez-la-moi, accordez-la-moi ! Je suis un homme terrible, résolu à tout ! Quand je me serai suicidé, on vous traînera devant les tribunaux !

LE GOUVERNEUR

Ah, mon Dieu, je ne suis coupable ni par la chair ni par l'esprit ! Je vous en supplie, ne vous fâchez pas. Je vous en supplie, faites comme il plaira à Votre Grâce ! Vraiment, aujourd'hui, je n'ai plus ma tête... Je ne comprends plus rien... Jamais je n'ai été aussi imbécile !

ANNA ANDREIEVNA

Eh bien, bénis-les !

Khlestakov s'approche avec Maria Antonovna.

LE GOUVERNEUR

Que Dieu vous bénisse ! Je n'y suis pour rien ! *(Khlestakov et Maria Antonovna s'embrassent ; le Gouverneur les regarde.)* Ah, mais diable, c'est bien vrai ! *(Il se frotte les yeux.)* Ils s'embrassent ! Ah, Seigneur, ils s'embrassent ! Comme de vrais fiancés ! *(Il crie en bondissant de joie :)* Eh, Anton, Anton ! Eh, Gouverneur ! Voilà donc comment la situation a évolué !

SCÈNE XVI

(Les mêmes et Ossip.)

OSSIP

Les chevaux sont prêts.

KHLESTAKOV

Très bien. Un instant, je viens !

LE GOUVERNEUR

Comment, vous partez ?

KHLESTAKOV

Oui, je pars.

LE GOUVERNEUR

Mais alors, quand... Je veux dire... Vous avez daigné vous-même, il me semble, parler de mariage...

KHLESTAKOV

Oui, mais... C'est seulement l'affaire d'une minute. Je pars simplement pour une journée chez mon oncle, un riche vieillard, et demain je serai de retour.

LE GOUVERNEUR

Nous n'osons en aucune manière vous retenir, et espérons qu'un heureux retour...

KHLESTAKOV

Mais non, mais non, je reviens tout de suite. Adieu, mon amour... Non, je n'ai pas de mots... Adieu, ma petite âme !

Il baise la main de Maria Antonovna.

LE GOUVERNEUR

N'auriez-vous besoin de rien pour la route ? Vous aviez, il me semble, besoin d'argent ?

KHLESTAKOV

Oh, non ! De l'argent ? Pour quoi faire ? *(Après réflexion :)* À vrai dire...

LE GOUVERNEUR

Combien vous plairait-il d'avoir ?

KHLESTAKOV

Eh bien... Comme vous m'avez déjà donné deux cents roubles — non, pas deux cents, quatre cents, je ne veux pas profiter de votre erreur... Alors, donnez-m'en autant, pour que cela fasse huit cents tout rond.

LE GOUVERNEUR

Tout de suite ! *(Il prend son portefeuille et en sort des billets.)* Tenez, comme par un fait exprès, ce sont des billets neufs !

KHLESTAKOV

Ah oui ! *(Il prend les billets et les examine.)* C'est parfait. À billets neufs, bonheur nouveau, comme on dit !

LE GOUVERNEUR

Exactement !

KHLESTAKOV

Adieu, Anton Antonovitch ! Très reconnaissant de votre hospitalité ! Je l'avoue de tout cœur, jamais je ne fus aussi bien accueilli. Adieu, Anna Andreievna ! Adieu, ma petite âme, Maria Antonovna !

Ils sortent. En coulisse :

VOIX DE KHLESTAKOV

Adieu, ange de mon âme, Maria Antonovna !

VOIX DU GOUVERNEUR

Comment, vous partez en simple voiture de poste ?

VOIX DE KHLESTAKOV

Oui, je suis habitué à ces voitures-là. Les ressorts me donnent mal à la tête.

VOIX DU COCHER

Hue !

VOIX DU GOUVERNEUR

Il faudrait au moins couvrir la banquette, mettre ne fût-ce qu'un tapis ! Consentiriez-vous à ce que je vous fasse apporter un tapis ?

VOIX DE KHLESTAKOV

Non, pourquoi ? Ce n'est pas la peine... Du reste, je ne demande pas mieux. Qu'on me donne un tapis !

VOIX DU COCHER

Hue !

VOIX DU GOUVERNEUR

Quand aurons-nous le plaisir de nous revoir ?

VOIX DE KHLESTAKOV

Demain ou après-demain.

VOIX D'OSSIP

Ah, voilà le tapis. Amène-le, pose-le là ! Et maintenant, donne une botte de foin... De ce côté !

VOIX DU COCHER

Hue !

VOIX D'OSSIP

De ce côté-là. Oui, là ! Encore plus par là ! Parfait ! Maintenant, asseyez-vous, Excellence !

VOIX DE KHLESTAKOV

Adieu, Anton Antonovitch !

VOIX DU GOUVERNEUR

Adieu, Votre Grâce !

VOIX DES FEMMES

Adieu, Ivan Alexandrovitch !

VOIX DE KHLESTAKOV

Adieu, petite maman !

VOIX DU COCHER

Hue, mes agneaux !

On entend le bruit des grelots. Le rideau tombe.

ACTE V

Toujours le même décor.

SCÈNE I

(Le gouverneur, Anna Andreievna et Maria Antonovna.)

LE GOUVERNEUR

Alors, Anna Andreievna, t'en serais-tu jamais doutée ? Crénom, c'est une chance ! Allons, avoue-le franchement : tu n'aurais même jamais rêvé chose pareille ! Tu étais simplement la femme d'un quelconque gouverneur, et soudain... hop ! te voilà apparentée avec les grands de ce monde.

ANNA ANDREIEVNA

Pas du tout, je le savais depuis longtemps ! Évidemment, toi, cela t'étonne mais c'est que tu es un homme simple, qui n'a jamais vu de gens comme il faut.

LE GOUVERNEUR

Je suis moi-même, petite mère, un homme comme il faut. Pourtant, c'est égal, quand on y réfléchit, Anna Andreievna, quels drôles d'oiseaux nous sommes devenus, tous les deux ! Hein, Anna Andreievna, nous volons très haut, que le diable nous emporte ! Et attends un peu, je vais bien les traiter, maintenant, tous ces porteurs de suppliques et de dénonciations ! Eh, là-bas, quelqu'un ! *(Entre un agent.)* Ah, c'est toi, Ivan Karpovitch. Appelle les marchands, frère ! Ah, les canailles ! Je leur apprendrai à se plaindre de moi ! Ah, cette juiverie ! Attendez un peu, mes colombes ! Je vous en ai fait avaler jusqu'à la moustache ; maintenant ce sera jusqu'à la barbe. Tu inscriras les noms de tous ceux qui sont venus se plaindre, et particulièrement des écrivailleurs qui ont troussé leurs requêtes ! Et annonce-leur à tous, afin que tous le sachent, l'honneur que Dieu a bien voulu accorder au gouverneur : le gouverneur donne sa fille en mariage, et non pas à un homme quelconque, mais à un homme comme il n'en a encore jamais existé dans le monde, un homme qui peut faire tout ce qu'il veut, tout ce qu'il veut, tout ce qu'il veut ! Annonce-le à tous, afin que tous le sachent ! Crie-le au peuple entier, et que les cloches le crient à leur tour, le diable m'emporte ! Si déjà joie il y a, que ce soit une joie totale ! *(L'agent sort.)* Eh bien, Anna Andreievna, où allons-nous vivre, à présent ? Ici, ou à Péter ?

ANNA ANDREIEVNA

À Pétersbourg, naturellement ! Comment veux-tu que nous restions ici ?

LE GOUVERNEUR

À Péter ? Eh bien, va pour Péter... Quoique nous pourrions tout aussi bien rester ici. Quoi qu'il en soit, au diable les fonctions de gouverneur ! Hein, Anna Andreievna ?

ANNA ANDREIEVNA

Naturellement ! Il s'agit bien des fonctions de gouverneur !

LE GOUVERNEUR

Je pourrais même — qu'en penses-tu, Anna Andreievna ? — décrocher maintenant un très haut grade. Car n'est-ce pas, il est à tu et à toi avec tous les ministres, il va à la cour quand bon lui semble ; et c'est bien pourquoi il pourrait faire qu'avec le temps je me hisse au grade de général. Qu'en penses-tu, Anna Andreievna ? Peut-on se hisser au grade de général ?

ANNA ANDREIEVNA

Bien sûr, pourquoi ne le pourrait-on pas ?

LE GOUVERNEUR

Ah, diable, qu'il ferait bon être général ! Se passer le cordon de chevalier sur l'épaule ! Quel cordon vaut le mieux, Anna Andreievna ? Le rouge ou le bleu [67] ?

ANNA ANDREIEVNA

Le bleu, naturellement !

LE GOUVERNEUR

Ah, c'est du bleu qu'elle a envie ! Mais le rouge n'est pas mal non plus. Car enfin, pourquoi voudrais-tu être général ? Parce que si, d'aventure, tu entreprends quelque voyage, les aides-de-camp et les adjudants galopent devant toi, en criant : « Des chevaux, des chevaux ! » Et aux étapes, toujours servi le premier ! Tout le monde attend, personne n'a rien ; ces conseillers titulaires, ces capitaines, ces gouverneurs... Et toi, tu t'en fiches, tu as ce qu'il te faut, tu passes ! Puis tu dînes quelque part chez l'intendant général, et là le gouverneur fait le pied de grue ! Ha, ha, ha ! *(Il se tord de rire.)* Voilà ce qui me séduit, crénom !

ANNA ANDREIEVNA

Tu n'aimes que ce qui est grossier ! Tu devrais pourtant savoir que maintenant il faut entièrement changer ton genre de vie, et que tes relations ne seront plus ces juges amateurs de chiens avec lesquels tu courais le lièvre, ni des Ziemlianika ! Non, ce seront au contraire des personnes très fines, très cultivées : des comtes, rien que des gens du monde !... Seulement, je l'avoue, j'ai peur pour toi : tu lâches parfois des mots que jamais dans une bonne société il n'est donné d'entendre.

LE GOUVERNEUR

Quoi, un mot ne peut pas faire de mal !

ANNA ANDREIEVNA

Non, quand tu étais gouverneur ; mais là-bas, voyons, la vie sera toute différente.

LE GOUVERNEUR

C'est vrai ; on dit qu'il y a là-bas deux espèces de petits poissons tels que l'eau vous vient à la bouche rien qu'à les regarder : les murènes et les éperlans.

ANNA ANDREIEVNA

Il ne pense qu'aux poissons, lui ! Et moi, je ne veux qu'une seule chose : que notre maison soit la première de la capitale, et que dans ma chambre le parfum de l'ambre soit si prenant que l'on ne puisse y entrer sans cligner des paupières ! *(Elle cligne des paupières et renifle.)* Ah, que c'est bon !

SCÈNE II

(Les mêmes et les marchands.)

LE GOUVERNEUR

Ah, bonjour, mes amis !

LES MARCHANDS, *s'inclinant.*

Tous nos vœux, petit père !

LE GOUVERNEUR

Alors, mes pigeons, comment va ? Et le commerce ? Alors, écumeurs de samovars, empileurs d'étoffes, on vient se plaindre ? Ça vous a rapporté beaucoup ? Oh, je sais, vous vous imaginiez qu'on allait me coller en prison... Mais savez-vous... Que sept diables et une sorcière vous... Savez-vous que...

ANNA ANDREIEVNA

Mon Dieu, quelles expressions tu emploies, Antocha !

LE GOUVERNEUR, *furieux*.

Il s'agit bien d'expressions, à présent !... Savez-vous que ce même fonctionnaire à qui vous vous êtes plaints épouse à présent ma fille ? Alors ? Qu'est-ce que vous en dites, hein ? À présent, je vais vous... Ah, vous trompez le monde ! Quand vous passez un marché avec l'État, vous le volez de cent mille roubles en lui livrant du drap pourri, et ensuite, avec un petit cadeau d'une vingtaine d'archines, vous vous croyez quittes, et il faudrait encore vous récompenser ! Ah, mais si tout cela se savait, vous... Ça s'amène, la panse en avant... Un marchand, on n'y touche pas ! « Nous autres, dites-vous, nous pouvons en remontrer à la noblesse elle-même ! » À la noblesse ! Imbéciles que vous êtes ! Mais un noble, ça étudie, c'est cultivé ; et si on le fouette à l'école c'est pour son bien, pour qu'il apprenne des choses utiles ! Tandis que vous, vous commencez par des filouteries, et vos patrons vous ont battus parce que vous ne saviez pas encore assez tromper le monde ; oui, encore gamins, avant même de connaître le « Notre Père », vous commenciez déjà à tromper le monde ; et maintenant que vous avez pris du ventre, que vous vous êtes rempli les poches, vous vous croyez de grands personnages ! Hein, regardez-moi ça ! Parce que vous vous enfilez seize samovars dans la journée, vous vous croyez de grands personnages ! Mais moi je crache sur vos têtes et sur votre importance !

LES MARCHANDS, *s'inclinant.*

Pardon, Anton Antonovitch !

LE GOUVERNEUR

Ah, vous voulez que je vous pardonne ! Que je vous plaigne, peut-être ? *(À l'un des marchands :)* Et qui t'a permis de voler, quand tu construisais le pont et que tu comptais pour vingt mille roubles de bois, alors qu'il n'y en avait pas pour cent roubles ? C'est moi qui te l'ai permis, vieille tête de bouc ! Tu as oublié ça, peut-être ? Je n'avais qu'un mot à dire pour t'expédier en Sibérie ! Qu'est-ce que tu as à répondre, hein ?

UN MARCHAND

Au nom de Dieu, pardonne-nous, Anton Antonovitch ! C'est le malin qui nous a tentés ; et nous te jurons de ne plus jamais nous plaindre. Exige ce que tu veux, mais ne te fâche pas !

LE GOUVERNEUR

Que je ne me fâche pas ! Voilà maintenant que tu te roules à mes pieds, et pourquoi ? Parce que j'ai été le plus fort. Mais si vous aviez eu la plus petite victoire, vous, vous m'auriez traîné dans la boue, canailles, et vous m'y auriez enfoncé à coups de pieu, par-dessus le marché !

LES MARCHANDS, *s'inclinant jusqu'à terre.*

Ne nous accable pas, Anton Antonovitch !

LE GOUVERNEUR

Que je ne vous accable pas ! Maintenant, c'est « ne nous accable pas ! » Et avant, qu'est-ce que c'était ? Ah, je vous... *(Il fait de la main un geste de mépris et d'indifférence.)* Enfin, Dieu vous pardonnera, ça suffit ! Je ne suis pas rancunier. Seulement attention, je vous ai à l'œil ! Je ne marie pas ma fille à un petit gentilhomme quelconque, alors que les cadeaux soient... Comprenez-vous ? N'essayez pas de vous en tirer avec quelque pauvre esturgeon ou des pains de sucre. Allez, que Dieu vous protège !

Les marchands sortent.

SCÈNE III

(Les mêmes, Ammoss Fiodorovitch, Artemy Philippovitch, puis Rastakovski.)

AMMOSS FIODOROVITCH,
encore sur le seuil de la porte.

Faut-il croire au bruit qui court, Anton Antonovitch ? On dit qu'il vous arrive un bonheur extraordinaire.

ARTEMY PHILIPPOVITCH

J'ai l'honneur de vous féliciter de ce bonheur extraordinaire. Mon âme a frémi de joie quand j'ai appris la nouvelle. *(Il baise la main d'Anna Andreievna.)* Anna Andreievna ! *(Il baise la main de Maria Antonovna.)* Maria Antonovna !

RASTAKOVSKI, *entrant.*

Félicitations, Anton Antonovitch ! Que Dieu vous donne longue vie et nombreuse postérité, petits-enfants et arrière-petits-enfants ! Anna Andreievna ! *(Il baise la main d'Anna Andreievna.)* Maria Antonovna !

Il baise la main de Maria Antonovna.

SCÈNE IV

(Les mêmes, Bobtchinski, Dobtchinski, et d'autres personnes. De nombreux invités, en veston et en frac, viennent d'abord baiser la main d'Anna Andreievna en disant : « Anna Andreievna ! » puis celle de Maria Antonovna en disant : « Maria Antonovna ! » Bobtchinski et Dobtchinski se fraient un passage à travers la foule.)

BOBTCHINSKI

J'ai l'honneur de vous féliciter !

DOBTCHINSKI

Anton Antonovitch, j'ai l'honneur de vous féliciter !

BOBTCHINSKI

De ce bonheur extraordinaire !

DOBTCHINSKI

Anna Andreivna !

BOBTCHINSKI

Anna Andreievna !

Tous deux se penchent en même temps vers la main d'Anna Andreievna mais leurs fronts se cognent.

DOBTCHINSKI

Maria Antonovna ! *(Il lui baise la main.)* J'ai l'honneur de vous féliciter ! Vous serez heureuse, grandement heureuse ! Vous porterez des vêtements dorés, et vous mangerez des soupes exquises et variées ; vous passerez votre temps très agréablement.

BOBTCHINSKI, *l'interrompant.*

Maria Antonovna ! J'ai l'honneur de vous féliciter. Que Dieu vous accorde toutes sortes de richesses, de l'argent et un petit garçon, tenez, grand comme cela *(Il fait un geste)* que l'on pourrait tenir dans le creux de la main, oui ; et le gamin criera toujours : « oua, oua, oua ! »

SCÈNE V

(Les mêmes, et encore de nouveaux invités qui viennent baiser les mains. Louka Loukitch et sa femme.)

LOUKA LOUKITCH

J'ai l'honneur...

LA FEMME DE LOUKA LOUKITCH, *qui court pour le devancer.*

Je vous félicite, Anna Andreievna ! *(Elles s'embrassent.)* Vraiment, je me suis tant réjouie ! On me dit : « Anna Andreievna marie sa fille. » — « Ah, mon Dieu ! » me dis-je, et je me réjouis si fort que je dis à mon mari : « Écoute, Loukantchik, quel bonheur pour Anna Andreievna ! » — « Ah, Dieu soit loué ! » me dis-je. Et je lui dis : « Je suis si ravie que je brûle d'impatience d'aller féliciter personnellement Anna Andreievna ! » « Ah, mon Dieu ! » me dis-je, « Anna Andreievna attendait justement un bon parti pour sa fille, et voilà ce que c'est que la destinée, les choses se sont passées justement comme elle le voulait ! » Et je me réjouis tant que je ne peux plus parler ! Je pleure, je pleure, je sanglote littéralement ! Et déjà Louka Loukitch me dit : « Pourquoi sanglotes-tu, Nastienka ? » — « Loukantchik, lui dis-je, je ne le sais pas moi-même, mes larmes coulent comme un ruisseau, voilà ! »

LE GOUVERNEUR

Veuillez vous asseoir, messieurs. Eh, Michka, apporte d'autres chaises !

Les invités s'assoient.

SCÈNE VI

(Les mêmes, le Commissaire de Police et les Agents.)

LE COMMISSAIRE DE POLICE

J'ai l'honneur de vous féliciter, Excellence, et de vous souhaiter de longues années de bonheur.

LE GOUVERNEUR

Merci, merci ! Je vous en prie, messieurs.

Tous s'assoient.

AMMOSS FIODOROVITCH

Mais dites-nous, je vous en prie, Anton Antonovitch, comment tout cela a commencé, et enfin, la progression de tout cela... Je veux dire... de cette affaire.

LE GOUVERNEUR

Le développement de l'affaire a été extraordinaire. Il a daigné faire lui-même sa demande.

ANNA ANDREIEVNA

De la manière la plus respectueuse et la plus exquise ; il s'est admirablement exprimé. Il a dit : « C'est uniquement, Anna Andreievna, par respect pour vos mérites ! » Un homme si merveilleux, si bien élevé, d'une noblesse de sentiments si extraordinaire ! « Croyez-moi, Anna Andreivna », a-t-il ajouté, « je n'attache aucun prix à la vie ; c'est uniquement par estime pour vos rares qualités... »

MARIA ANTONOVNA

Mais, petite maman, c'est à moi qu'il a dit cela !

ANNA ANDREIEVNA

Tais-toi, tu ne sais rien ! Ne te mêle donc pas de ce qui ne te regarde pas ! « Vous êtes pour moi un objet de stupeur, Anna Andreievna. » Et ce furent encore d'autres paroles extrêmement flatteuses. Et quand j'ai voulu lui dire : « Nous ne pouvions même pas espérer un tel honneur », il est soudain tombé à mes pieds, et toujours avec cette même noblesse : « Anna Andreievna », a-t-il dit, « ne faites pas de moi un malheureux ! Acceptez de répondre à mon sentiment, sinon j'achève ma vie par la mort ! »

MARIA ANTONOVNA

Je vous assure, petite maman, que c'est de moi qu'il parlait.

ANNA ANDREIEVNA

Évidemment... il s'agissait aussi de toi, je ne dis pas le contraire.

LE GOUVERNEUR

Et il nous a fait une de ces peurs ! Il nous a dit qu'il se brûlerait la cervelle. « Je me brûlerai la cervelle, je me brûlerai la cervelle ! » a-t-il dit.

PLUSIEURS INVITÉS

Mon Dieu, racontez-nous !

AMMOSS FIODOROVITCH

Quelle affaire, mon Dieu !

LOUKA LOUKITCH

C'est vraiment la destinée qui l'a conduit...

ARTEMY PHILIPPOVITCH

Ce n'est pas la destinée, mon cher, la destinée n'est qu'une dinde ! C'est la récompense du mérite. *(À part :)* Dire que ce cochon-là se faufile toujours dans la gueule de la chance !

AMMOSS FIODOROVITCH

Je suis prêt, Anton Antonovitch, à vous vendre ce chien, vous savez, celui que vous avez marchandé.

LE GOUVERNEUR

Non, à présent, je n'ai pas la tête aux chiens !

AMMOSS FIODOROVITCH

Eh bien, si vous ne voulez pas de celui-là, on pourrait se mettre d'accord sur un autre chien...

LA FEMME DE KOROBKINE

Oh, Anna Andreievna, comme je suis heureuse de votre bonheur ! Vous ne pouvez pas vous imaginer !...

KOROBKINE

Et où se trouve à présent, permettez-moi de vous le demander, cet hôte illustre ? J'ai entendu dire qu'il était parti pour affaires.

LE GOUVERNEUR

Oui, il s'est absenté une journée... Une affaire très importante !

ANNA ANDREIEVNA

Il est allé chez son oncle, lui demander sa bénédiction.

LE GOUVERNEUR

Lui demander sa bénédiction, mais dès demain... *(Il éternue, les souhaits pleuvent.)* Merci, merci... Mais dès demain, il sera de retour et...

Il éternue; les souhaits pleuvent : on entend notamment ceux des personnes suivantes :

LE COMMISSAIRE DE POLICE

Bonne santé, Excellence !

BOBTCHINSKI

Cent ans de vie, et beaucoup d'écus !

DOBTCHINSKI

Que Dieu la prolonge et la protège !

ARTÉMY PHILIPPOVITCH, *à part.*

Puisses-tu crever !

LA FEMME DE KOROBKINE, *à part.*

Que le diable t'emporte !

LE GOUVERNEUR

Grand merci ! Je vous souhaite la même chose !

ANNA ANDREIEVNA

Nous avons maintenant l'intention d'habiter Pétersbourg. Il y a ici une atmosphère... vraiment par trop campagnarde ! C'est très désagréable, je l'avoue... Et puis mon mari, là-bas, sera promu général.

LE GOUVERNEUR

Oui, messieurs, je l'avoue, j'ai bien envie, que le diable m'emporte ! d'être général.

LOUKA LOUKITCH

Dieu le veuille !

RASTAKOVSKI

L'homme ne peut rien, mais Dieu peut tout !

AMMOSS FIODOROVITCH

Grand vaisseau, grand voyage !

ARTEMY PHILIPPOVITCH

À grand mérite, grand honneur !

AMMOSS FIODOROVITCH, *à part.*

Il en fera, des gaffes, s'il devient vraiment général ! Lui, général ! Autant mettre un harnais à une vache ! Enfin, tout ça, c'est encore loin. Il y en a ici de plus propres que toi, et qui ne sont pas encore généraux.

ARTEMY PHILIPPOVITCH, *à part.*

Que le diable l'emporte ! Il est bien capable d'y grimper, à son grade de général ! Il sait faire l'important, il en remontrerait au malin lui-même ! *(Au gouverneur :)* Ce jour-là, Anton Antonovitch, ne nous oubliez pas !

AMMOSS FIODOROVITCH

Et s'il nous arrive quelque chose, par exemple quelque désagrément... d'affaires, ne nous laissez pas sans soutien !

KOROBKINE

L'année prochaine, j'enverrai mon fils dans la capitale pour qu'il prenne du service ; alors, soyez assez aimable pour lui accorder votre protection, soyez un père pour cet orphelin !

LE GOUVERNEUR

Je suis prêt, prêt à faire tout le possible...

ANNA ANDREIEVNA

Toi, Antocha, toujours prêt à faire des promesses ! D'abord, tu n'auras pas le temps de penser à tout cela. Et ensuite, pourquoi, au nom de quoi se charger de pareilles obligations ?

LE GOUVERNEUR

Pourquoi pas, mon âme, quand c'est possible ?

ANNA ANDREIEVNA

C'est possible, bien sûr, mais pourquoi protéger le premier venu ?

LA FEMME DE KOROBKINE

Vous entendez comme elle nous traite ?

UNE INVITÉE

Oui, elle a toujours été ainsi ; je la connais : invitez-la à votre table, elle posera les pieds dessus !

SCÈNE VII

(Les mêmes et le directeur des postes,
qui entre en coup de vent,
une lettre décachetée à la main[68]*.)*

LE DIRECTEUR DES POSTES

Une affaire stupéfiante, messieurs ! Le fonctionnaire que nous avons pris pour le révizor n'était pas le révizor !

TOUS

Comment ? Pas le révizor ?

LE DIRECTEUR DES POSTES

Absolument pas le révizor ! Je l'ai appris par cette lettre.

LE GOUVERNEUR

Quoi ? Qu'est-ce que vous racontez ? Par quelle lettre ?

LE DIRECTEUR DES POSTES

Par une lettre écrite de sa propre main. On m'apporte à la poste cette lettre. Je regarde l'adresse, je vois

« rue de la Poste ». Je frémis. « Ah, me dis-je, il a certainement découvert du désordre dans les services postaux et il prévient les autorités. » Alors j'ai pris la lettre et je l'ai décachetée.

LE GOUVERNEUR

Comment avez-vous...

LE DIRECTEUR DES POSTES

Je l'ignore moi-même ; une force surnaturelle m'a poussé. Je m'apprête déjà à appeler une estafette, afin de l'acheminer par courrier spécial, mais une curiosité s'empare de moi, une curiosité comme je n'en ai encore jamais éprouvé. Je ne peux pas, je ne peux pas, je sens, je comprends que je ne peux pas résister. Dans une oreille, une voix me dit : « Hé, ne la décachette pas, tu serais fait comme un rat. » Et dans l'autre oreille, je ne sais quel démon chuchote : « Décachette, décachette ! » En la prenant entre mes mains, j'étais de feu. Et quand je l'eus décachetée je fus de glace, de glace, mon Dieu ! Et mes mains tremblaient, et tout se brouillait devant mes yeux.

LE GOUVERNEUR

Mais comment avez-vous osé décacheter la lettre d'un aussi haut personnage ?

LE DIRECTEUR DES POSTES

C'est que justement il n'est ni haut, ni personnage !

LE GOUVERNEUR

Mais alors, d'après vous, qui est-il ?

LE DIRECTEUR DES POSTES

Ni ceci, ni cela. Le diable seul sait qui il est !

LE GOUVERNEUR, *furieux*.

Comment, ni ceci, ni cela ? Coment osez-vous l'appeler « ni ceci ni cela » ! Et ajouter, par-dessus le marché, que le diable seul sait qui il est ? Je vais vous faire arrê...

LE DIRECTEUR DES POSTES

Vous ?

LE GOUVERNEUR

Oui, moi !

LE DIRECTEUR DES POSTES

Vous n'avez pas le bras assez long.

LE GOUVERNEUR

Savez-vous qu'il épouse ma fille, que je vais devenir très puissant, et que je peux très bien vous faire envoyer au fin fond de la Sibérie ?

LE DIRECTEUR DES POSTES

Eh, Anton Antonovitch, il s'agit bien de la Sibérie ! Elle est loin, la Sibérie. Je vais plutôt vous lire la lettre. Messieurs, permettez-moi de vous lire cette lettre.

TOUS

Lisez, lisez !

LE DIRECTEUR DES POSTES, *lisant.*

« Je m'empresse de t'informer, mon cher Triapitchkine, de l'invraisemblable histoire qui m'arrive. En cours de route, un capitaine d'infanterie m'a entièrement plumé au jeu, si bien que l'aubergiste voulait même me faire mettre en prison, quand soudain, grâce à mon allure pétersbourgeoise et à mon costume, toute la ville m'a pris pour l'intendant général en personne, et j'habite maintenant chez le gouverneur ; je mène la bonne vie et fais une cour effrénée à sa femme et à sa fille, seulement je ne sais pas encore par laquelle commencer ; je me déciderai, je crois, pour la maman, car elle semble déjà prête à tout. Te rappelles-tu la misère dans laquelle nous vivions jadis, et comment, une fois, un pâtissier m'a saisi au collet parce que j'avais mangé des gâteaux au compte du roi d'Angleterre ? Maintenant, les événements ont pris une tout autre tournure. Tous me prêtent autant d'argent que je veux. De fameux originaux ! Si tu les voyais, tu en crèverais de rire ! Je sais que tu écris des articles ; insère donc mes nouveaux amis dans ta littérature. Premièrement le gouverneur, bête à manger du foin…

LE GOUVERNEUR

Impossible ! Cette phrase n'y est pas !

LE DIRECTEUR DES POSTES, *montrant la lettre.*

Lisez vous-même !

LE GOUVERNEUR, *lisant.*

« À manger du foin ! » Impossible, c'est vous-même qui avez écrit cela !

LE DIRECTEUR DES POSTES

Pourquoi l'aurais-je écrit moi-même ?

ARTEMY PHILIPPOVITCH

Lisez !

LOUKA LOUKITCH

Lisez !

LE DIRECTEUR DES POSTES

« Le gouverneur, bête à manger du foin… »

LE GOUVERNEUR

Que le diable l'emporte ! Quel besoin a-t-il de le répéter ? Comme si une fois ne suffisait pas !

LE DIRECTEUR DES POSTES, *continuant de lire.*

Hum, hum ! « Bête à manger du foin… Le directeur des postes, de son côté… » *(Il s'arrête de lire.)* Oui, là il s'exprime aussi sur mon compte d'une manière désobligeante.

LE GOUVERNEUR

Non, non, lisez !

LE DIRECTEUR DES POSTES

À quoi bon ?

LE GOUVERNEUR

Non, sacrebleu, quand on commence à lire, on lit jusqu'au bout ! Lisez tout !

ARTEMY PHILIPPOVITCH

Permettez, je vais lire, moi. *(Il met ses lunettes et lit :)* « Le directeur des postes ressemble comme deux gouttes d'eau au garçon de bureau Mikheiev. C'est certainement comme lui une canaille et un ivrogne. »

LE DIRECTEUR DES POSTES, *au public.*

Un mauvais garçon qui mériterait d'être fouetté, rien de plus !

ARTEMY PHILIPPOVITCH, *continuant de lire.*

« Le surveillant des établissements de bienf... bien... bienf...

Il bégaie.

KOROBKINE

Qu'y a-t-il ? Pourquoi vous arrêtez-vous ?

ARTEMY PHILIPPOVITCH

Ici l'écriture est illi... Du reste, c'est un misérable, de toute évidence !

KOROBKINE

Donnez-moi cette lettre. J'ai de meilleurs yeux que vous, je crois.

Il veut prendre la lettre.

ARTEMY PHILIPPOVITCH, *ne voulant pas lâcher la lettre.*

Non, on peut sauter ce passage ; ensuite ça devient beaucoup plus lisible.

KOROBKINE

Permettez, j'en jugerai moi-même.

ARTEMY PHILIPPOVITCH

Je peux très bien lire sans vous ; d'autant plus qu'après, c'est extrêmement lisible.

LE DIRECTEUR DES POSTES

Non, lisez tout. Jusqu'à présent tout a été lu.

TOUS

Donnez cette lettre, Artemy Philippovitch, donnez cette lettre ! *(À Korobkine :)* Lisez !

ARTEMY PHILIPPOVITCH

Voilà ! *(Il donne la lettre.)* Mais permettez... *(Il cache du doigt un passage.)* Oui, lisez à partir d'ici.

Tous l'entourent.

LE DIRECTEUR DES POSTES

Lisez, lisez donc, c'est absurde ! Lisez tout !

KOROBKINE, *lisant.*

« Le surveillant des établissements de bienfaisance, Ziemlianika, est un vrai cochon à calotte... »

ARTEMY PHILIPPOVITCH, *au public.*

Pas très spirituel ! Un cochon à calotte ! Où existe-t-il des cochons qui portent calotte ?

KOROBKINE, *continuant à lire.*

« L'inspecteur des écoles pue l'oignon à plein nez. »

LOUKA LOUKITCH, *au public.*

Je vous jure, messieurs, que de ma vie je n'ai eu un oignon dans la bouche !

AMMOSS FIODOROVITCH, *à part.*

Dieu soit loué, il n'y a rien sur moi !

KOROBKINE, *lisant.*

« Le juge... »

AMMOSS FIODOROVITCH, *à part.*

Bon ! *(À voix haute.)* Messieurs, je trouve cette lettre bien longue. Et puis à quoi bon lire de pareilles sottises ?

LOUKA LOUKITCH

Non !

LE DIRECTEUR DES POSTES

Non, lisez !

ARTEMY PHILIPPOVITCH

Non, puisque déjà nous avons commencé... lisez !

KOROBKINE, *poursuivant sa lecture.*

Le juge Liapkine-Tiapkine est au plus haut point « mauvais ton[69] ». *(Il s'arrête de lire.)* Ce doit être un mot français.

AMMOSS FIODOROVITCH

Le diable sait ce qu'il signifie ! Ce serait encore heureux s'il signifiait seulement que je suis une fripouille. Mais c'est peut-être encore pis.

KOROBKINE, *continuant à lire.*

« Ceci dit, ce sont des gens très braves et très accueillants. Au revoir, Triapitchkine, mon ami. Je veux moi-même suivre ton exemple et m'occuper de littérature. On s'ennuie, frère, à mener cette vie-là, on aspire finalement à une nourriture plus spirituelle. Je le vois bien, il faut s'occuper de quelque chose d'un peu plus élevé. Écris-moi : village de Podkatilovka, province de Saratov. *(Il retourne la lettre et lit l'adresse :)* À l'honoré M. Ivan Vassilievitch Triapitchkine, Saint-Pétersbourg, dans la rue de la Poste, à la maison qui porte le numéro 97, au fond de la cour, au troisième étage, à droite. »

L'UNE DES DAMES

Quelle leçon inattendue !

LE GOUVERNEUR

Pour un coup de massue, c'est un coup de massue ! Mort, mort, je suis tout à fait mort ! Je ne vois plus rien ; je ne vois autour de moi que des gueules de cochons à la place de visages, et rien d'autre... Qu'on le rattrape ! Qu'on le rattrape !

LE DIRECTEUR DES POSTES

Le rattraper ! Comme par un fait exprès je lui ai fait donner le meilleur des attelages, et le diable a voulu que je prévienne les relais !

LA FEMME DE KOROBKINE

Comme confusion, vraiment, on ne fait pas mieux !

AMMOS FIODOROVITCH

Quoi qu'il en soit, messieurs, que le diable l'emporte, il m'a emprunté trois cents roubles.

ARTEMY PHILIPPOVITCH

À moi aussi, il a emprunté trois cents roubles.

LE DIRECTEUR DES POSTES, *poussant un soupir.*

Ah, et à moi aussi, trois cents roubles !

BOBTCHINSKI

Et à Piotr Ivanovitch et à moi-même, soixante-cinq roubles en tout, oui !

AMMOSS FIODOROVITCH, *écartant les bras avec stupeur.*

Comment se fait-il, messieurs... Comment, en vérité, avons-nous pu nous laisser berner de la sorte ?

LE GOUVERNEUR, *se frappant le front.*

Et comment moi — oui, comment moi, vieil imbécile, ai-je pu... Ah, pauvre bête qui a perdu la raison ! Voilà [70] trente ans que je sers l'État, et pas un marchand, pas un entrepreneur n'a pu me rouler ! Les plus grandes fripouilles entre les fripouilles, je les ai possédées, et les plus fieffés coquins, prêts à voler l'univers entier, je leur ai serré la bride... J'ai berné trois intendants généraux ! Trois intendants généraux ! *(Avec un geste désabusé :)* Mais à quoi bon maintenant parler d'intendants généraux ?

ANNA ANDREIEVNA

Mais tout cela est impossible, Antocha ! Il s'est fiancé à Machenka !

LE GOUVERNEUR, *furieux.*

Fiancé ! Elle est bien bonne ! Parles-en, de ces fiançailles ! *(Avec rage :)* Voilà, regardez, regardez, vous autres, le monde entier, la chrétienté entière, tous, regardez ce Gouverneur tourné en dérision ! Ah, imbécile, imbécile ! *(Il se menace même du poing :)* Et toi, lourdaud, qui as pris un blanc-bec, une lavette, pour un personnage important ! Et le voilà maintenant qui roule sur toutes les routes en faisant tinter ses grelots ! Il répandra cette histoire à travers le monde entier. Et non seulement tu deviendras un objet de risée, mais il se trouvera encore un barbouilleur, un écrivassier, pour te fourrer dans une comédie ! Ah, c'est trop vexant ! Ni le titre ni le grade ne l'arrêteront, et tous crieront, applaudiront... De quoi riez-vous ? C'est de vous-mêmes que vous riez ! Ah, vous [71] ! *(Il trépigne.)* Ah, tous ces gratte-papier, s'il ne dépendait que de moi... Ah, pisse-copie, libéraux maudits, engeance diabolique ! Je vous ficellerai dans un sac, moi, je vous enduirai de farine, je vous coudrai dans la doublure du chapeau du diable ! *(Il brandit le poing et frappe le sol de ses talons.)* Ah, je ne m'en suis pas encore remis ! Décidément, quand Dieu veut vous punir, il commence par vous ôter la raison ! En quoi, vraiment, ce freluquet ressemblait-il à un révizor ? En rien. Pas l'ombre de la plus petite ressemblance ! Et voilà que vous tous, vous vous êtes mis à brailler :

« Le révizor ! Le révizor ! » Voyons, qui de vous le premier a lâché que c'était le révizor ? Répondez !

ARTEMY PHILIPPOVITCH, *écartant les bras.*

Comment c'est arrivé, je serais incapable de le dire, quand bien même on me tuerait ! C'est comme si un brouillard était tombé sur moi... Le diable a tout embrouillé.

AMMOSS FIODOROVITCH

Qui a été le premier ? Je vais vous le dire : ce sont ces gaillards-là !

Il désigne Dobtchinski et Bobtchinski.

BOBTCHINSKI

Jamais de la vie ! Ce n'est pas moi ! Il ne m'est même jamais venu à l'esprit...

DOBTCHINSKI

Je n'y suis pour rien du tout !

ARTEMY PHILIPPOVITCH

Allons, c'est vous !

LOUKA LOUKITCH

Évidemment ! Vous êtes venus de l'auberge en courant comme des fous : « Il est arrivé ! Il est arrivé ! Et il ne paie pas ! » Ah, vous pouvez vous vanter d'avoir trouvé l'oiseau rare !

LE GOUVERNEUR

Évidemment, c'est vous ! Sales cancaniers ! Maudits menteurs !

ARTEMY PHILIPPOVITCH

Que le diable vous emporte avec vos révizors et vos histoires !

LE GOUVERNEUR

Vous ne faites que fouiner dans la ville et troubler le monde, maudits moulins à paroles !

AMMOS FIODOROVITCH

Maudits barbouilleurs !

LOUKA LOUKITCH

Charlatans !

ARTEMY PHILIPPOVITCH

Morveux en culottes courtes !

Tous les entourent.

BOBTCHINSKI

Ce n'est pas moi, je vous le jure, c'est Piotr Ivanovitch !

DOBTCHINSKI

Ah non, Piotr Ivanovitch, c'est vous qui le premier...

BOBTCHINSKI

Ah non, le premier, c'était vous !

DERNIÈRE SCÈNE

(Les mêmes et le gendarme[72]*.)*

LE GENDARME

Un fonctionnaire arrivé de Pétersbourg sur ordre du gouvernement vous prie de vous rendre immédiatement chez lui. Il est descendu à l'hôtel...

Ces paroles éclatent comme un coup de tonnerre et foudroient tout le monde. Les dames, unanimes, poussent un cri de stupeur. Tout le groupe, ayant soudain changé d'attitude, reste pétrifié. Au centre, le Gouverneur, immobile, les bras écartés, la tête rejetée en arrière. À sa droite, sa femme et sa fille, toutes deux tendues vers lui. Derrière eux, le Directeur des Postes, transformé en point d'interrogation, tourné vers le public ; derrière lui, Louka Loukitch, absolument et naïvement désemparé ; derrière lui, à l'extrémité de la scène, trois invitées, appuyées l'une sur l'autre, avec, sur le visage, une expression d'intense moquerie à l'adresse du Gouverneur et de sa famille. À la gauche de celui-ci, Ziemlianika, la tête légèrement penchée de côté comme s'il prêtait l'oreille. Derrière lui le juge, presque effondré à terre, les bras écartés, et remuant les lèvres, comme s'il avait voulu siffler ou prononcer : « On n'a pas fini d'en voir ! » Derrière lui Korobkine, tourné vers le public, clignant méchamment de l'œil en direction du Gouverneur ; derrière lui, à l'extrémité de la scène, Dobtchinski et Bobtchinski tournés l'un vers l'autre, bouche bée, yeux écarquillés. Les autres invités restent simplement immobiles comme des statues. Le groupe garde la même attitude pendant presque une minute et demie[73].

LE RIDEAU TOMBE

NOTES

1. « Ma sœur Anna Kirilovna » : d'après son patronyme qui n'est pas Antonovna, elle serait plutôt une cousine.

2. « dans notre ville » : le texte russe signifie littéralement « dans un chef-lieu de district ».

3. Assesseur : membre du tribunal qui était élu par la noblesse. Il était chargé de l'instruction des délits mineurs et du contrôle de la police de district.

4. « les voltairiens » : désignait à l'époque, en Russie, les libres penseurs en général.

5. « grimace » : traduction édulcorée pour « gueule » (« tirer une gueule »).

6. « La guerre avec les Turcs » : la Russie de Nicolas Ier avait gagné une guerre contre la Turquie en 1828-1829 et ainsi obtenu l'estuaire du Danube et le littoral oriental de la mer Noire (traités d'Andrinople en 1829 et d'Unkiar-Skelessi en 1833).

7. Dans ce conflit toujours latent, la France comme la Grande-Bretagne soutenaient les Turcs.

8. *La Gazette de Moscou :* journal fondé en 1756 par l'université de Moscou. Elle contenait des articles sur la vie sociale, politique et artistique du pays (elle devint plus marquée politiquement à la fin du XIXe siècle et au début du XXe siècle, comme soutien de la monarchie).

9. Kostroma est située au nord-est de Moscou, sur la Volga, et Saratov, au sud de ce fleuve.

10. *Saint Basile l'Égyptien :* il n'y a pas de « saint Basile l'Égyptien ». Dobtchinski pourrait faire allusion à l'évêque Basile de Césarée, habituellement présenté comme « saint Basile le Grand », qui rendit visite aux ascètes d'Égypte, entre autres (fête le 1er janvier) ou à saint Basile d'Ancyre, en Syrie (fête le 22 mars) ou à un saint Basile fictif.

11. Le texte russe signale l'auteur de ces faits et gestes, Jean le Maçon. Il s'agit ici d'un ouvrage maçonnique anglais, *La Connaissance de soi*, traduit en russe par Novikov. À la fin du XVIIIe siècle, la franc-maçonnerie était devenue très influente dans la vie mondaine et intellectuelle russe jusqu'à ce qu'en 1792 Catherine II fît arrêter les principaux francs-maçons. Pendant les règnes de Paul Ier et d'Alexandre Ier, les loges se reformèrent mais elles étaient sous le contrôle de la police. Elles furent dissoutes en 1822. Ammoss se réfère donc à un livre oublié.

12. « archine » : mesure de 0,71 m.

13. « un jour on prend... » : réplique célèbre en Russie (littéralement « tu ne prends pas selon ton grade »). On ne peut mieux renvoyer, par ce raccourci, aux vices d'une administration aussi corrompue que hiérarchisée. Le grade des fonctionnaires russes les situait dans la « Table des rangs », fondée en 1722 par Pierre le Grand, hiérarchie à la fois militaire et bureaucratique. Cette table permettait aux vieilles familles nobles de conserver leur statut et à des hommes nouveaux de se faire adopter par la noblesse pour services rendus à l'État. Elle se composait d'une liste de quatorze grades ou classes, disposée sur trois colonnes correspondant aux dignités de la cour, aux ordres militaire et civil. Tous ceux qui travaillaient dans une administration rattachée à l'État étaient considérés comme nobles — à l'exception des commis, copistes, etc. — donc ceux qui n'étaient ni paysans, ni marchands, ni prêtres. Toutefois la législation distinguait une noblesse personnelle et une noblesse héréditaire à laquelle on ne pouvait accéder qu'une fois parvenu au 8e grade, c'est-à-dire pour l'administration civile à celui d'assesseur de collège.

14. Trois fois 16,38 kg, soit environ 50 kg.

15. « sans rien » : mal habillés.

16. La traduction ne peut rendre la forme familière « Piter » qu'Ossip emploie pour « Pétersbourg ».

17. « petit registrateur de collège » (ou greffier) : d'après la Table des rangs (voir note 13), cette fonction était située au 14e grade, donc au bas de l'échelle !

18. En fait « *k*eatry », altération populaire de « teatry ». Le monologue d'Ossip contient d'autres altérations difficilement transposables en français.

19. Le texte russe signale le nom du marché, Chtchoukine, grand marché de Pétersbourg.

20. La perspective Nevski ou Avenue de la Neva était la principale avenue de Pétersbourg. Elle s'étend sur cinq kilomètres du Palais d'Hiver à la Gare de Moscou. Voir la nouvelle de Gogol intitulée *La Perspective Nevski*, dans *Récits de Pétersbourg* (Paris, coll. GF, Flammarion, 1968). Cette avenue est restée une artère commerçante et prestigieuse.

21. Penza : ville située sur la Soura, affluent de la Volga.

22. *Robert le Diable*, opéra de Meyerbeer (1791-1864), très connu alors en Russie (Voir Introduction). *Robert le Diable* conserve des procédés rossiniens tout en simplifiant le bel canto et en recherchant l'effet dramatique.

23. « Ne couds rien » : premiers mots d'une chanson populaire « Le corsage rouge » (musique d'A. Varlamov, paroles de N. Tsyganov).

24. Célèbre carrossier de Pétersbourg.

25. Kholmogory : ville située à 75 km d'Arkhangelsk et célèbre pour la qualité de son bétail.

26. La croix de Saint-Vladimir correspondait à l'ordre du même nom, fondé en 1782, de 4e degré ou grade qui récompensait l'ancienneté au service de l'État. La croix se portait à la boutonnière.

27. Ce type de vin était produit en Crimée et en Arménie.

28. « dame de trèfle » : (par opposition à « dame de cœur ») : peut-être est-ce une allusion au nom que porte cette figure de carte à jouer, Argine, anagramme de Regina (reine).

29. « De l'aiglefin » pour « labardan » en russe, c'est-à-dire un poisson de la mer du Nord, voisin de la morue, qui, fumé, fournit le haddock. Le nom usuel de l'aiglefin est « cabillaud ».

30. « si l'on est obligé de *passer* » : selon les termes du jeu de cartes.

31. « Comprenez-vous » : en français dans le texte.

32. « Assesseur » (de collège) : voir note 13.

33. Addition de l'édition de 1841, faite après la mort de Pouchkine.

34. Opéras dus respectivement à Mozart, Meyerbeer et Bellini.

35. « Le baron Brambéousse » est un des pseudonymes d'Ossip Senkovski (1800-1858), journaliste à tendance officielle, réactionnaire, rédacteur en chef du *Cabinet de lecture* et ennemi de Gogol.

36. Ou *La Frégate Espérance*, titre d'un récit du poète et romancier romantique A. A. Bestoujev-Marlinski (1797-1837).

37. *Le Télégraphe de Moscou*, revue éditée par le critique romantique Nicolas Polévoï (1796-1846) entre 1825 et 1834. Polévoï n'avait pas accueilli favorablement la première œuvre de Gogol, *Les Veillées du hameau*, pourtant applaudie par le public et par la plupart des critiques.

38. Célèbre éditeur et libraire de Pétersbourg.

39. *Iouri Miloslavski* (1829), roman historique, très populaire à l'époque, de M. N. Zagoskine (1789-1852).

40. « L'ambassadeur d'Allemagne » : à l'époque à laquelle se réfère *Le Révizor* (entre 1829 et 1835), celle de la Confédération germanique, groupant la Prusse et l'Autriche, il ne pouvait bien sûr y avoir d'ambassadeur d'Allemagne.

41. « Votre Excellence » : adresse réservée aux 3e et 4e grades de la Table des rangs, c'est-à-dire pour la hiérarchie civile de conseiller secret et de conseiller d'État.

42. Le Conseil d'État fut institué par un manifeste d'Alexandre Ier, en 1810. C'était un conseil consultatif mais dont les membres étaient désignés par l'empereur.

43. « De l'aiglefin » : toute dernière correction de détail apportée par Gogol au *Révizor*, en 1851.

44. « Il est reçu à la Cour, etc. » : ces réflexions du gouverneur ont été ajoutées dans l'édition de 1841.

45. De « on en voit de drôles » à « des propos si équivoques » : ajouté en 1841.

46. «... à mi-voix » : toute cette scène a été ajoutée par Gogol dans l'édition de 1841, un acteur lui ayant fait comprendre qu'il n'était pas particulièrement habile de présenter Khlestakov soutirant d'emblée de l'argent à son premier interlocuteur (voir le « Fragment d'une lettre à un écrivain » dans *Œuvres complètes* (éd. de l'Académie des sciences), ouv. cité, t. IV, p. 102). Dans cette nouvelle édition, Gogol fait entrer Ammoss — le plus maladroit — le premier.

47. Voir note 32.

48. Voir note 26.

49. L'ordre de Sainte-Anne fut fondé en 1797 : il récompensait les officiers pour leur courage.

50. Conseiller de Cour : 7e rang dans la hiérarchie administrative civile (correspond au grade de lieutenant-colonel dans l'armée).

51. « Le bon ton » : expression française translittérée.

52. Scène 5 : toute cette scène, comme la scène 1, a été ajoutée dans l'édition de 1841.

53. Conseiller titulaire : 9e rang de la hiérarchie administrative civile (correspond au grade de capitaine dans l'armée).

54. La Caisse de Bienfaisance : cet organisme fut créé par Catherine II en 1775 pour subvenir aux orphelinats, hôpitaux et à d'autres institutions charitables. La Caisse était alimentée par des dépôts sur lesquels elle payait des intérêts. Elle se chargeait aussi d'opérations financières.

55. Le Sénat, fondé en 1711 par Pierre le Grand, était l'organe judiciaire le plus élevé de Russie, la Cour suprême d'appel et interprète de la loi.

56. Rue des Pois : aujourd'hui rue Džerjinski, qui va de l'Amirauté à la Fontanka.

57. Titre hautement fantaisiste !

58. « Tatare » : la Russie était restée deux siècles sous le « joug tatar » (du XIIIe au XVe siècle). Puis d'importantes colonies furent intégrées à l'État moscovite. Il y a encore un grand nombre de Tatars dans la région de la Volga — à laquelle se réfère la pièce — et, au XIXe siècle, beaucoup étaient marchands.

59. Voir note 12.

60. Le hareng-saur est connu pour la soif excessive qu'il produit.

61. « Le pain et le sel » : mets que, selon la coutume russe, on offrait aux nouveaux arrivants en signe d'hospitalité.

62. Scène 11 : cette scène fut interdite par la censure en 1836 (au théâtre comme à l'impression). Gogol la rétablit en 1841.

63. « Il a obligé mon mari... » : les paysans et les citadins des classes inférieures étaient soumis à la conscription alors que les nobles et les marchands en étaient dispensés. De surcroît, le nombre des conscrits était proportionnel à l'importance des villages et des communautés. Ces conscrits étaient désignés par les autorités locales.

64. Début d'une ode de Michel Lomonossov (1711-1765), grammairien (il publia en 1755 la première grammaire russe), théoricien des styles et surtout poète. Parmi ses poèmes qui renouvelèrent le vers russe, ce sont les odes qui dominent, odes à l'impératrice Élisabeth dont il était le poète officiel, odes religieuses.

65. La petite scène de « déclaration » à la mère, avec le rappel humoristique et osé... à l'époque du statut de femme mariée de celle-ci, fut ajoutée en 1841.

66. Début d'un vers de Nicolas Karamzine (1766-1826), extrait de son récit *L'Île Borngholm :* « Les lois condamnent l'objet de mon amour », le reste étant inventé par Khlestakov. Karamzine fut le plus illustre représentant du courant sentimental en Russie, surtout avec le récit *La Pauvre Lise.*

67. Le ruban rouge correspondait à l'ordre Alexandre Nevski, fondé en 1725 par Catherine II et le ruban bleu à l'ordre de Saint-André, le plus ancien (fondé en 1698 par Pierre le Grand) et le plus élevé de tous les ordres.

68. Dans la version de 1841, le directeur des postes prenait plus de précautions pour annoncer la réception de la lettre et en révéler le contenu.

69. « Mauvais ton » : expression française translittérée.

70. « Voilà... » : la tirade qui suit a été ajoutée en 1841 puis augmentée en 1843 de la parabase « De quoi riez-vous... ».

71. Dans la plupart des mises en scène, le gouverneur prononce ces mots en regardant les spectateurs.

72. Le Corps des gendarmes, créé en 1826 par Nicolas Ier, jouait, outre son rôle de surveillance et de protection du citoyen, celui d'une police politique chargée de prêter son concours à la police secrète assurée par la célèbre Troisième section de la Chancellerie intime de Sa Majesté, également créée en 1826.

73. La description de la « scène muette » fut introduite en 1841.

BIBLIOGRAPHIE

Éditions et traductions du « Révizor ».

N. V. GOGOL, *Polnoe Sobranie Sočinenij (Œuvres complètes)*, Moscou, 1937-1952, éd. de l'Académie des sciences (t. IV). On peut y ajouter utilement les volumes de la correspondance (t. X et XI).

N. V. GOGOL, *Revizor,* Moscou, Littérature artistique, coll. « Bibliothèque populaire », 1978 (avec postface du grand spécialiste soviétique moderne de Gogol, Youri Mann).

Nicolas GOGOL, *L'inspecteur général,* dans *Les Deux Héritages,* Paris, Lévy, 1853 (Bibliothèque contemporaine, 2e série), trad. par Prosper Mérimée (Rééd. en 1867) ; en 1892 chez Calmann-Lévy ; en 1927 chez Hatier ; en 1930 au Divan. Cette traduction présente surtout un intérêt historique : elle ne manque pas d'erreurs ni même de contresens.

Nicolas GOGOL, *Le Révizor,* adaptation d'André Barsacq, Paris, Théâtre de l'Atelier, 25 novembre 1948, dans le *Supplément théâtral et littéraire* de *France-Illustration, Le Monde illustré,* 9 avril 1949. Cette traduction est la première qui soit fidèle à la pièce, malgré une tendance à édulcorer certaines expressions, au nom du goût classique.

Nicolas GOGOL, *Théâtre (Le Révizor, Hyménée, Les Joueurs),* Paris, Denoël, 1955, trad. par André Barsacq.

Nicolas GOGOL, *Le Révizor,* Paris, l'Arche, 1958, trad. par Arthur Adamov.

Nicolas GOGOL, *Œuvres complètes,* Paris, Gallimard, Bibliothèque de la Pléiade, 1966, *Le Révizor,* trad. par André Barsacq.

Nicolas GOGOL, *Le Révizor,* suivi de *L'Orage* (Ostrovski), du *Tsar Fédor Ivanovitch* (Tolstoï), des *Bas-fonds* (Gorki), Lausanne, Rencontre, 1967, trad. par Arthur Adamov, présentation de Georges Haldas.

Nicolas GOGOL, *Le Révizor* (Paris, Théâtre de l'Est parisien, 22 novembre 1967), Paris, *L'Avant-Scène,* 1968, trad. par Arthur Adamov.

Outre les traductions du théâtre de Gogol et de ses œuvres complètes citées ci-dessus, peut compléter une lecture du *Révizor :* Gogol, *Récits de Pétersbourg,* Paris, coll. GF Flammarion, 1968, traduction, chronologie et préface par Boris de Schloezer. On y appréciera le rôle de Gogol dans la création d'un mythe littéraire pétersbourgeois, entre Pouchkine, Dostoïevski et Biély. Tragique et humour se côtoient ou s'entrelacent dans ces récits.

Études en français.

Melchior de VOGÜÉ, *Le Roman russe,* Paris, Plon, 1886. Nouv. éd. présentée par Pierre Pascal, Lausanne, L'Âge d'homme, 1971. Ce texte témoigne de l'accueil mitigé que *Le Révizor,* considéré comme trop local, rencontra auprès des Français de l'époque. Interprétation sociologique.

Louis LÉGER, *Nicolas Gogol,* Paris, Didier, Coll. « Les grands écrivains étrangers », 1913 : le premier grand ouvrage français qui soit consacré au seul Gogol. Il ébranle les interprétations traditionnelles et/ou exclusives de l'œuvre de cet écrivain.

Boris de SCHLOEZER, *Gogol,* Paris, Plon, 1932 ; Paris, Janin, 1946 (2e éd.) ; Paris, L'Herne, 1972 (3e éd. refondue). Un des meilleurs livres et des plus subtils qui aient été écrits sur Gogol, perçu comme cas exemplaire de l'écrivain tragique en qui ont lutté l'artiste, l'observateur, le moraliste et le visionnaire.

Dmitri MÉREJKOVSKI, *Gogol et le Diable,* Paris, Gallimard, 1939, trad. par Constantin Andronikov. Original russe, Saint-Pétersbourg, 1906. Ouvrage intéressant, original, stimulant malgré une griserie verbale qui métamorphose Gogol en prophète et en adversaire halluciné du Diable. A fortement influencé la critique occidentale de Gogol.

Nicolas ÉVREINOV, *Histoire du théâtre russe,* Paris, Éd. du Chêne, 1947 : livre d'un dramaturge, lui-même sensible à tout ce qui fait la théâtralité des œuvres. Situe *Le Révizor* par rapport à la tradition nationale russe.

Vladimir NABOKOV, *Nikolaï Gogol*, Paris, La Table Ronde, 1953 et Gallimard, Coll. 10/18, trad. par Marcelle Sibon. Original anglais en 1944. Livre célèbre qui procède de l'interprétation mérejkovskienne. Moins tolérant que Mérejkovski envers la critique sociologique, Nabokov le complète par de brillantes analyses sur le langage chez Gogol.

Nina GOURFINKEL, *Gogol dramaturge*, Paris, L'Arche, Coll. « Les grands dramaturges », 1956. Ouvrage utile, fouillé, éclairant le réalisme de Gogol à la lumière de l'absurde kafkaïen. Tient cependant déjà compte des différentes virtualités d'interprétation du *Révizor*.

Charles CORBET, « *Le Révizor* devant la critique journalistique parisienne », dans la *Revue de Littérature comparée*, 1959, t. III, pp. 481-499. Intéressant sur l'évaluation et l'interprétation de la pièce, — souvent à chaud, — en France.

Paul EVDOKIMOV, *Gogol et Dostoïevski ou la descente aux Enfers*, Paris, Desclée de Brouwer, 1961. Ouvrage qui, dans la lignée de Mérejkovski, en est aussi la contrepartie par la recherche d'aspects optimistes du christianisme de Gogol. Dogmatique.

Henri TROYAT, *Gogol*, Paris, Flammarion, 1971. Une des meilleures biographies de Gogol, à la fois portrait fascinant d'un homme contradictoire et antipathique, et réhabilitation de son œuvre.

Abram TERZ (André SINIAVSKI), *Dans l'ombre de Gogol*, Paris, Seuil, 1976. Trad. par Georges Nivat. Original russe, Londres, Collins and Overseas, publ. Interchange, 1975. Œuvre foisonnante, luxuriante, offrant de Gogol l'image d'un poète baroque.

Recueils collectifs en français.

Nicolas Gogol, numéro spécial de la revue *Europe*, juillet 1952, n° 79, avec des textes de Pierre Abraham, Victoria Achères, Louis Martin-Chauffier, André Mazon, Elsa Triolet. Ce numéro propose une gamme d'interprétations de Gogol où domine le canon réaliste, les points de vue variant d'un marxisme-léninisme dogmatique à une perspective sociologique modérée et tolérante.

Le Révizor de Gogol-Meyerhold, numéro spécial de *Travail théâtral*, Paris, Maspéro, Hiver 1971, n° 2, janvier-mars.

Présentation de Denis Bablet. Des textes importants sur la mise en scène présentée par Meyerhold en 1926, à Moscou. Voir aussi, Vsévolod Meyerhold, *Écrits sur le théâtre*, Lausanne, L'Âge d'homme, 1975, t. II (Traduction, préface et notes de Béatrice Picon-Vallin).

Études en langues étrangères.

— *en anglais*

Victor ERLICH, *Gogol,* New Haven-Londres, Yale University Press, 1969. Ouvrage d'inspiration à la fois formaliste et symboliste qui prolonge celui de Nabokov. *Le Révizor* illustrerait surtout l'art du verbe et du comique, à travers des marionnettes.

Leonard J. KENT, *The Subconscious in Gogol's and Dostoevski's and Its Antecedents,* La Haye-Paris, Mouton, 1969. N'analyse que les récits, mais les pages sur la névrose chez Gogol, sur sa peur de la femme et du mariage pourraient être appliquées au *Révizor* (partiellement et prudemment).

Donald FANGER, *The Creation of Nikolaï Gogol,* Cambridge-Londres, Belknap Press of Harvard University Press, 1979. Ouvrage important qui concilie diverses méthodes, l'histoire littéraire, la sociologie, le structuralisme. Des pages riches sur *Le Révizor,* son comique, le rôle qu'y joue Pétersbourg, le rôle du public à atteindre, sur l'écriture de la pièce.

— *en russe*

Le russisant peut se reporter utilement à la bibliographie que fournit l'édition des *Œuvres complètes* de Gogol (Bibliothèque de la Pléiade).

On peut aussi consulter :

K. MOČULKIJ, *Dukhovnij put' Gogolja (L'itinéraire spirituel de Gogol),* Paris, Ymca-Press, 1934. Ouvrage qui propose une vision chrétienne ouverte, tolérante, de Gogol et de son œuvre.

S. S. DANILOV, *Gogol' i teatr (Gogol et le théâtre),* Leningrad, Littérature artistique, 1936. Cet ouvrage d'inspiration marxiste-léniniste revue par le dogme stalinien, présente, outre cet intérêt historique, un intérêt documentaire : une riche moisson de textes sur les rapports entre Gogol et le théâtre et sur la réception du *Révizor* en Russie.

G. A. GUKOVSKIJ, *Realizm Gogolja (Le réalisme de Gogol)*, Moscou, Leningrad, Littérature artistique, 1959. Un des meilleurs ouvrages soviétiques sur Gogol. Ce livre ne se limite pas à une interprétation de Gogol mais s'attache avec soin et brio à l'originalité littéraire de l'écrivain.

Jurij MANN, *Poetika Gogolja (La poétique de Gogol)*, Moscou, Littérature artistique, 1978. Le meilleur livre soviétique récent sur l'œuvre de Gogol. Sans nier les aspects réalistes de cette œuvre, le critique en suggère la richesse potentielle de significations et en montre la beauté artistique. Livre fouillé, tolérant.

CHRONOLOGIE

Cette chronologie est fondée en grande partie sur celle qu'a présentée Boris de Schloezer, dans Gogol, *Récits de Pétersbourg*, Paris, coll. GF Flammarion, 1968.

1805 : Mariage de Basile Afanassiévitch Gogol-Yanovski et de Marie Ivanovna Kossiarovskaïa (née en 1791), issus de la petite noblesse ukrainienne.

1809 (20 mars) : Naissance de Nicolas Gogol à Sorotchinsy, district de Mirgorod, province de Poltava.

1809-1821 : Enfance dans la propriété familiale de Vassilievka d'où Nicolas se rend fréquemment à Kibintsy, chez un cousin de sa mère, Dimitri Trochtchinski, possesseur d'un théâtre privé. L'enfant peut y voir jouer de petites comédies en ukrainien, écrites par son père.

1819 : Nicolas et son frère Ivan (né en 1812) entrent au collège de Poltava. Mort d'Ivan : Nicolas quitte le collège.

1821 : Gogol entre comme interne au gymnase de Niéjine où il restera sept ans. Il s'y montre un élève moyen, turbulent, passant ses examens de justesse. Aimé de ses camarades et un peu craint à cause de son esprit mordant, il est le boute-en-train de sa classe. Il organise un théâtre où il remplit à la fois les fonctions d'acteur, de décorateur et de metteur en scène. Il se prépare à une carrière administrative « au service de l'État ».

1825 : Décès de Basile Afanassiévitch. Maintenant seul homme de la famille, Gogol devient l'appui de sa mère, et ses lettres commencent à manifester une tendance à

moraliser et à prêcher qui ne fera que croître avec les années.
À Pétersbourg, Pouchkine publie son drame, *Boris Godounov,* auquel plus tard Gogol consacrera un article.

1827 : Gogol, d'après ses lettres à sa mère, à son oncle et à ses amis, rêve de s'installer à Pétersbourg et d'y servir glorieusement l'État. À cette fin, il étudie assidûment le droit. On peut s'interroger au sujet de l'influence qu'a exercée sur lui son professeur de droit romain et de droit naturel, Nicolas Biélooussov, révoqué pour cause de « libre pensée ».

1828 : Observant avec complaisance les variations de ses humeurs et états d'âme, il se présente déjà comme une « énigme » (lettre à sa mère du 1er mars). En juin, il quitte le gymnase après avoir reçu le grade administratif de 14e classe (le dernier !).
Décembre : Il part pour Pétersbourg, accompagné de son ami Alexandre Danilevski et de son valet Yakim.

1829 (mars) : La revue *Le Fils de la Patrie* publie sans nom d'auteur un poème de Gogol, *Italie.*
Juin : Il publie à ses frais (en fait à ceux de sa mère) *Hans Küchelgarten,* un poème sentimental dans le goût romantique, sous le pseudonyme de V. Alov. Deux articles très sévères l'incitent à récupérer tous les exemplaires et à les brûler, faisant ainsi subir à son premier livre le même sort qu'il réservera vingt-trois ans plus tard à sa dernière œuvre, la seconde partie des *Âmes mortes.*
Juillet : Départ brusqué pour l'Allemagne, en profitant de l'argent envoyé par sa mère pour régler une hypothèque. En compensation il renonce à sa part d'héritage. Il justifie ce voyage en racontant à sa mère qu'il fuit un amour impossible, ce qui n'était que mensonge. D'ailleurs, dans une nouvelle lettre à sa mère expédiée de Lubeck (août), il invoque une autre raison, une maladie de peau, qui affolera Maria Ivanovna.
Septembre : Retour à Pétersbourg. Il trouve un petit emploi au ministère de l'Intérieur. Il demande à sa mère de lui fournir des légendes populaires, des anecdotes, des détails pittoresques de mœurs, qui lui serviront à rédiger *Les Veillées du hameau.*

1830 (mars) : *Les Annales de la patrie* publient sans nom d'auteur la première version de *La Nuit de la Saint-Jean,* qui figurera dans *Les Veillées du hameau.*

Avril : Nouvel emploi au ministère des Apanages.
Automne : Il tente de devenir acteur aux Théâtres impériaux. Échec : il ne « déclame » pas assez le monologue d'Oreste dans *Andromaque*.

1831 (janvier) : Dans *La Gazette littéraire*, premier texte publié sous le nom de Gogol : *La Femme*, poème en prose d'un lyrisme exalté. Parut ensuite dans la même revue l'essai critique très remarqué sur *Boris Godounov* de Pouchkine.
Mars : Il démissionne du ministère. Antoine Delvig, directeur de *La Gazette littéraire*, le recommande au poète Joukovski. Pierre Pletniov, poète et critique, signale le nom de Gogol à son ami Pouchkine et procure au jeune homme un emploi de professeur d'histoire à l'Institut patriotique (pour jeunes filles nobles) ainsi que des leçons particulières dans les grandes familles.
Mars : Chez une de ses élèves, Marie Balabine, Gogol rencontre celle que Pouchkine appelait « Notre-Dame de Bon-Secours de la littérature russe en détresse », Alexandra Ossipovna Rosset, fille d'un émigré français qui deviendra plus tard Mme Smirnov et sera une des amies fidèles de Gogol.
Avril : Titularisé au 9e rang de la hiérarchie civile comme « conseiller titulaire ».
Mai : Il fait la connaissance de Pouchkine chez Pletniov et entre dans l'intimité de ces écrivains qui lui paraissaient jusqu'alors des êtres à part.
Septembre : Publication du premier tome des *Veillées du hameau*, comprenant *La Foire de Sorotchinsy*, *La Nuit de la Saint-Jean*, *Une nuit de mai*, *La Dépêche disparue*. Accueil excellent de la critique.
Novembre : Lettre du 2 novembre à sa mère où il se vante de fréquenter quotidiennement Pouchkine et Joukovski, à Pavlovsk.

1832 : Publication du second tome des *Veillées du hameau : La Nuit de Noël*, *Une terrible vengeance*, *Ivan Fiodorovitch Chponka et sa tante*, *Le Terrain ensorcelé*. Succès immédiat.
Juin : Il fait la connaissance de Michel Pogodine, ancien directeur du *Messager de Moscou*.
Juillet : Séjour à Moscou où il est chaleureusement accueilli comme écrivain par Serge Aksakov, futur défenseur des slavophiles. Il y rencontre l'auteur dramatique Michel Zagoskine et surtout l'acteur comique et ancien serf Michel Chtchepkine : rencontre décisive.

Octobre : Après des vacances passées à Vassilievka auprès de sa mère, Gogol revient à Pétersbourg et continue de fréquenter les milieux littéraires.
Décembre : Il fréquente aussi les salons aristocratiques pétersbourgeois. Premiers projets d'une comédie.

1833 : Il songe à une comédie intitulée *La Croix de Saint-Vladimir,* mais il y renonce par crainte de la censure (lettre du 20 février à Pogodine). Paralysie littéraire momentanée. Il commence à renier ses *Veillées...,* sans encore concevoir de vocation littéraire plus « grande ». Projet d'une *Histoire universelle,* recherches sur l'histoire ukrainienne. Projet d'une comédie plus « innocente » que *La Croix de Saint-Vladimir : Les Prétendants.* Rédaction de quelques scènes de *La Croix...,* des nouvelles *Le Nez, Le Journal d'un fou* et *La Brouille des deux Ivan.*

1834 : Publication de *La Brouille,* ce qui lui vaut le sobriquet « Paul de Kock petit-russe » de la part du critique officiel Ossip Senkovski (alias Baron Brambéousse).
Juillet : Grâce à l'appui d'amis influents, Gogol est nommé professeur d'histoire à l'université de Pétersbourg, poste pour lequel il n'est aucunement préparé et qu'il devra abandonner neuf mois plus tard.
Automne-hiver : Il achève *Les Prétendants* et commence une autre comédie *Les Joueurs.*

1835 (Janvier) : Publication des *Arabesques,* deux volumes comprenant une série d'articles d'histoire, de pédagogie, de critique, et *La Perspective Nevsky, Le Portrait* (première version), *Le Journal d'un fou.*
Mars : Publication de *Mirgorod,* deux volumes qui font suite aux *Veillées du hameau,* et comprennent *Ménage d'autrefois,* le roman *Tarass Boulba, Vii* et *La Brouille...* Le succès de Gogol se confirme.
Avril : Il demande un congé de quatre mois à l'université.
Mai : Lecture d'une nouvelle mouture des *Prétendants,* chez Pogodine, à Pétersbourg. Peu de succès.
Septembre : Lecture d'*Hyménée,* nouvelle version des *Prétendants* : succès.
Été-automne : Composition d'un drame historique médiéval resté inachevé et inédit de son vivant, *Alfred.* Pouchkine raconte à Gogol l'histoire véridique d'un escroc dont il tirera un an plus tard le sujet des *Âmes mortes.*
Octobre : Il déclare à Pouchkine qu'il a déjà rédigé trois

chapitres des *Âmes mortes* qui deviendront un roman très « drôle », montrant « toute la Russie, au moins vue d'un côté » (lettre du 7 octobre). Il lui demande un sujet de comédie, capable de calmer « son esprit et son estomac ».
Novembre-décembre : Pouchkine lui raconte l'aventure arrivée en Bessarabie au journaliste Paul Svinine qui fut pris pour un envoyé du gouvernement. Gogol en fait le sujet du *Révizor*, qu'il écrit si rapidement que la comédie est terminée à la fin de l'année. Il démissionne de l'université.

1836 (Janvier) : Deuxième édition des *Veillées*.
Janvier-mars : Il remanie *Le Révizor*. Mme Smirnov intercède en sa faveur auprès de Nicolas Ier qui ordonne aux Théâtres impériaux de monter la pièce. Visa de censure le 2 mars. Gogol s'occupe des répétitions.
Avril : Publication dans le nº 1 du *Contemporain*, revue dirigée par Pouchkine, de la nouvelle *La Calèche*, de la petite comédie *La Matinée d'un homme d'action* (à l'origine, début de *La Croix de Saint-Vladimir*) et d'un article sur la critique contemporaine dirigé contre le trio officiel : Senkovski, Boulgarine et Gretch. Succès de la nouvelle *Le Nez*, lue chez Joukovski.
19 avril : Première représentation du *Révizor* au Théâtre Alexandra de Pétersbourg, en présence de l'empereur et de la haute société. Succès de scandale. Pour la majorité des spectateurs, *Le Révizor* n'est qu'une farce amusante ; cependant, les milieux conservateurs accusent l'auteur de saper les bases de la société, alors que les libéraux le félicitent de ridiculiser des institutions pourries. Les réactions de l'un et l'autre camp sont également amères pour Gogol. Le terrible malentendu entre l'écrivain et son public, qui pesa si lourdement sur le destin de Gogol, date du *Révizor*.
Mai : Ébauche de *La Sortie d'un théâtre*, en réponse aux attaques du public et des critiques. Dans une lettre à Pogodine (15 mai), il attribue à la « Volonté divine » les vexations dont il a été l'objet.
25 mai-7 juin : Représentation du *Révizor* à Moscou, au Petit-Théâtre (en l'absence de Gogol).
Lettre à un écrivain (Pouchkine), qui sera publiée en 1841 à l'occasion de la réédition de sa pièce : il se plaint notamment du jeune acteur pétersbourgeois Diour qui aurait caricaturé Khlestakov en faisant de lui d'emblée un filou, mentant expressément.

À Moscou, comme à Pétersbourg, *Le Révizor* fut mieux accueilli lorsque le public, après la première, fut moins mondain. À Moscou, c'est Chtchepkine qui incarna le personnage du gouverneur.

Juin : Gogol repart pour l'Allemagne, puis se rend en Suisse.

Novembre : Gogol arrive à Paris, où il habite avec son ami Danilevsky, 12, place de la Bourse (au coin de la rue Vivienne). Il apprécie particulièrement les acteurs français et la cuisine des restaurants. Mais il préfère à la société parisienne qu'il juge trop « politique » la fréquentation des Russes (Mme Smirnov, les Balabine) ou des Polonais émigrés. Absorbé par la rédaction des *Âmes mortes,* devenues le « poème de toute la Russie » (lettre du 31 octobre à Joukovski), il renie son *Révizor* comme une « bêtise » (lettre du 28 novembre à Pogodine).

1837 : Gogol se montre irrité par le succès public du *Révizor* en Russie (lettre du 13 janvier à Prokopovitch, toujours de Paris). Une « mite » dévorerait tous les exemplaires du *Révizor,* des *Arabesques* et des *Veillées...*, il en rendrait grâce au Destin (même lettre).

(29 janvier) : Mort de Pouchkine, tué en duel à Pétersbourg. Gogol l'apprend à Paris et « sombre dans une profonde hyponcondrie », écrit Danilevsky.

Mars : Départ pour l'Italie. Il s'installe à Rome où il demeurera deux ans. C'est peut-être la période la plus heureuse de la vie de Gogol. Il ne regrette aucunement la Russie, où « seuls les pourceaux se trouvent à leur aise ».

1838 : Il travaille aux *Âmes mortes,* rédige des versions nouvelles de *Tarass Boulba,* au milieu de difficultés d'argent. Il fréquente de jeunes peintres, ainsi que les membres de l'aristocratie russe qui séjournent à Rome.

1839 (mai) : Gogol assiste à la douloureuse agonie de son ami, le jeune comte Joseph Vielgorski. Le bouleversement qu'il éprouve à ce contact avec la mort ne s'effacera plus jamais.

Été : Gogol refond *Le Révizor,* surtout le début de l'acte IV. Il compose la seconde version définitive de *Tarass Boulba* et réécrit *Hyménée.* Deuxième rédaction du *Portrait;* nouvelle rédaction du *Nez.* Il termine *Le Procès* et *L'Antichambre,* autres résidus de sa *Croix de Saint-Vladimir.* Il conçoit une nouvelle, *Annunziata,* devenue *Rome* et restée inachevée.

Juillet-septembre : Départ de Rome. Rencontre de Sainte-Beuve sur le bateau, entre Rome et Marseille. Voyage en Autriche et en Allemagne.
Octobre : À Moscou, Gogol, chez les Aksakov, lit *Le Procès* et un grand chapitre des *Âmes mortes :* enthousiasme. Le 17, il est fêté par le public lors d'une représentation du *Révizor,* mais il se sauve.
Octobre-décembre : Deux rencontres avec le critique occidentaliste Biélinski, à Pétersbourg.
Décembre : Retour à Moscou. Première ébauche du *Manteau.*

1840 (mai) : Départ pour la Pologne, l'Autriche et l'Italie. Il se plaint de sa santé.
Septembre : Arrivée à Rome. Il se remet peu à peu au travail, reprend *Les Âmes mortes,* en révise la première partie. Il envoie à Chtchepkine une traduction de *L'Oncle embarrassé,* comédie satirique de Giovanni Giraud, épigone de Goldoni. Il ébauche un « Drame zaporogue », jamais achevé.
Décembre : Il prépare une réédition du *Révizor.*

1841 : Gogol travaille maintenant dans l'enthousiasme et annonce même à ses amis la préparation de la seconde partie des *Âmes mortes.* Quatrième rédaction du *Révizor.* Il reprend *Hyménée.*
Mars : Il envoie *Le Révizor* modifié à Serge Aksakov qui le confiera à Pogodine.
Mars-avril : Publication par Pogodine, dans *Le Moscovite* (n°s 2 et 3) des cinq premières scènes de l'acte IV du *Révizor,* d'une des deux scènes « supprimées en 1836 comme retardant l'action » et d'un fragment de la « Lettre à un écrivain » de 1836.
Juillet : Deuxième édition du *Révizor* par Pogodine. Gogol croit de plus en plus en sa mission fixée d'En haut.
Novembre : Retour en Russie. *Les Âmes mortes* sont soumises au comité de censure de Moscou, puis de Pétersbourg. Le visa ne sera accordé qu'en mars 1842, sous réserve de nombreuses corrections et de la suppression de l'histoire du capitaine Kopeikine, jugée subversive.

1842 (mars) : La revue *Le Moscovite* publie sous le titre *Fragment* un texte de Gogol qui deviendra la nouvelle *Rome,* demeurée inachevée.
Mai : Publication des *Âmes mortes ou les aventures de*

Tchitchikov, tirées à 2 500 exemplaires. Refonte de l'histoire du capitaine Kopeikine en vue des *Œuvres complètes*.
Juillet : Publication dans *Le Contemporain* de la nouvelle version du *Portrait*.
Septembre : Retour à Rome. Envoi à Prokopovitch du manuscrit complété de *La Sortie d'un théâtre*.
Décembre : À Pétersbourg, première de la comédie *Hyménée*. L'accueil du public et de la critique est nettement défavorable.

1843 (janvier) : À Pétersbourg, publication des *Œuvres* de Nicolas Gogol (à l'exception des *Âmes mortes*) en quatre volumes. Rédaction définitive du *Révizor*, augmentée de l'épigraphe (cinquième rédaction).
À Rome, Gogol s'adonne à la lecture de livres pieux, sa pratique religieuse devient de plus en plus assidue. Il écrit à ses amis qu'il ne pourra achever la seconde partie des *Âmes mortes* que, s'ils se chargent de ses affaires matérielles, lui avancent l'argent de ses voyages à travers l'Europe qui lui sont, paraît-il, absolument indispensables, et veillent sur sa mère et ses sœurs.
Février : Première des *Joueurs* à Moscou. Réactions défavorables.
Mai : Départ de Rome et pérégrinations à travers l'Allemagne.
Novembre : Gogol évite de parler de son travail. Il laisse échapper pourtant qu'il en est mécontent et d'après le témoignage d'un de ses amis, Annenkov, il a jeté au feu une première rédaction de la seconde partie des *Âmes mortes*.
Décembre : Il s'installe à Nice chez la comtesse Vielgorski où il est entouré de nombreuses admiratrices dont il devient le directeur de conscience.

1844 : Séjour à Nice jusqu'en mars. Gogol prétend jouer également auprès de ses amis en Russie le rôle de directeur spirituel et leur fait distribuer des exemplaires de l'*Imitation de Jésus-Christ*, alors qu'ils s'attendaient à recevoir la suite des *Âmes mortes*. Gogol s'attire une verte réponse d'Aksakov. De mars à décembre, séjours dans plusieurs villes d'Allemagne. Dans sa correspondance avec sa mère, ses sœurs, ses nombreux amis, Gogol ne cesse de les sermonner.

1845 (janvier) : Gogol passe trois semaines à Paris, suit quotidiennement les offices de l'église russe. Nombreuses lectures de théologiens anciens et modernes.

Février : Il rejoint Joukovski à Francfort et y demeure jusqu'en mai. Sa santé est mauvaise. Il abandonne complètement *Les Âmes mortes* pour préparer les *Extraits choisis de ma correspondance* où figureront plusieurs de ses lettres de direction.

Mai-octobre : Cures sans résultats dans diverses villes d'eaux d'Allemagne. Au cours de l'été paraît à Paris, dans la traduction de Louis Viardot, la première version française de textes de Gogol : *Tarass Boulba, Les Mémoires d'un fou, La Calèche,* un *Ménage d'autrefois, Le Roi des gnomes* (Viï) sous le titre *Nouvelles russes.* Critique élogieuse (de *Ménage d'autrefois*) ou réservée (de *Tarass Boulba*) selon les nouvelles, de Sainte-Beuve dans la *Revue des Deux Mondes* (décembre).

Juillet : Renouvelant le geste déjà accompli en 1843, Gogol jette au feu les esquisses de la suite des *Âmes mortes.*

Octobre : Départ pour Rome où Gogol passe l'hiver. Il travaille aux *Extraits choisis de ma correspondance.*

1846 (printemps-été) : En proie à une incessante angoisse, Gogol parcourt l'Allemagne et l'Autriche. Il rédige la préface de la réédition de la première partie des *Âmes mortes* et envoie à Pletniov le manuscrit des *Extraits choisis.* Pletniov en publie des fragments dans différentes revues. Ils révèlent brusquement aux lecteurs qui attendaient la suite des *Âmes mortes* l'orientation « mystique » de la pensée de Gogol. Il écrit *Le Dénouement du Révizor* qui fait de sa comédie une pièce allégorique de sa propre âme.

Novembre : Retour à Rome, mais « pour trouver un peu de chaleur », il s'installe à Naples, chez la comtesse Apraxine.

Décembre : Publication à Pétersbourg des *Extraits choisis de ma correspondance.* Comme il le dit dans sa préface, l'auteur espère ainsi « racheter » le mal qu'ont fait ses livres.

1847 (janvier) : La réaction de l'opinion publique est d'une extrême violence. Mis à part Pletniov, Mme Smirnov et leur entourage, ses amis, ses admirateurs sont atterrés, non seulement par les idées de Gogol mais par son assurance, son ton prophétique, la complaisance avec laquelle il étale ses sentiments, ses projets. Son humilité même semble hypocrite ; ne supplie-t-il pas ses compatriotes de ne pas lui élever de statue après sa mort ! À Naples, Gogol reprend la seconde partie des *Âmes mortes.*

Il remet en question les *Extraits choisis* dans une lettre à Joukovski (22 février) : « J'ai fait dans ce livre des moulinets à la manière d'un Khlestakov au point que je n'ai plus le courage de le regarder... Vrai, il y a en moi quelque chose de khlestakovien. »
Printemps : Gogol envoie les *Extraits choisis* au Père Matthieu Constantinovsky, depuis dix ans directeur de conscience du comte A. P. Tolstoï. Fanatique, peu instruit mais profondément convaincu, dur pour lui-même comme pour les autres, le Père Matthieu condamne le théâtre et la littérature en général et veut que Gogol y renonce. Plus le Père Matthieu se montre impitoyable, plus Gogol s'attache à lui. Leurs relations se prolongeront pendant cinq ans, jusqu'à la mort de l'écrivain.
Mai : À la suite d'une lettre de Chtchepkine, refonte des dernières répliques du *Dénouement du Révizor :* il atténue l'interprétation « mystique » de sa comédie.
Juin-octobre : Nouveaux voyages à travers l'Europe, qui conduisent Gogol à Ostende.
Juillet : Biélinski, en traitement à Salzbrunn, écrit à Gogol une lettre devenue célèbre en tant que manifeste des idées progressistes. Biélinski oppose en Gogol l'artiste de génie qu'il aurait dû rester au penseur qu'il n'était pas préparé à devenir. Diatribe contre les *Extraits choisis* dont il attribue l'existence à une « peur maladive de la mort, du diable et de l'enfer ». Il reproche à Gogol son allégeance opportuniste à l'autocratie et à l'orthodoxie.
28 juillet : Réponse de Gogol. Il reconnaît sa méconnaissance de la Russie contemporaine et les excès où il est tombé. Il n'en réitère pas moins sa conviction de l'utilité de son livre pour les autres comme pour lui-même.
Octobre : Retour à Naples. Préparatifs de départ pour la Terre sainte.

1848 (janvier) : Départ pour Jérusalem ; par Malte, Constantinople, Smyrne, Beyrouth. Gogol prie au tombeau du Christ pour ranimer sa ferveur, dissiper la torpeur de son âme. Mais il reste de glace.
Avril : Retour, par Odessa, à Vassilievka auprès de sa mère et de ses sœurs, déçues de le trouver froid et indifférent.
Septembre : À Moscou et à Pétersbourg, Gogol reprend contact avec ses amis qui ne font pas allusion aux dissentiments passés. Ils le trouvent physiquement peu changé mais sont frappés par son air sombre et préoccupé.

« Le temps s'écoule, écrit Gogol à Danilevski, et je ne fais rien. »

1849 (été) : Gogol passe quelques semaines chez les Smirnov près de Kalouga et paraît recouvrer ses forces et même son entrain. Il lit le premier chapitre de la suite des *Âmes mortes,* accueilli favorablement et même avec enthousiasme.
Hiver : De retour à Moscou chez le comte A. P. Tolstoï, Gogol retombe dans son ancienne torpeur. Cependant il travaille sporadiquement aux *Âmes mortes.*

1850 (printemps) : Il lit à Aksakov les chapitres I et II des *Âmes mortes.*
Été : Voyage à travers la Russie, à Kalouga et au célèbre monastère d'Optina. Séjour à Vassilievka.
Novembre : Lecture du *Révizor* devant des acteurs et des écrivains (parmi lesquels Tourguéniev). Il recouvre provisoirement sa verve.
Hiver : Gogol passe l'hiver à Odessa chez un parent, mais ni la douceur du climat ni l'affection de son entourage ne parviennent à le tirer de sa « somnolence ».

1851 (printemps) : Gogol quitte Odessa ; quelques semaines à Vassilievka.
Juin : Il rentre à Moscou et se réinstalle chez le comte A. P. Tolstoï.
Septembre : Il assiste au mariage de sa sœur Élisabeth à Vassilievka, mais, dans une crise de dépression, il s'arrête au monastère d'Optina et y passe trois jours.
Octobre : À Moscou, le jeune Ivan Tourguéniev rend visite à Gogol. Mais, en général, Gogol s'isole de plus en plus.
Décembre : Gogol annonce à Danilevski que la seconde partie des *Âmes mortes* pourrait être publiée en été ou même au printemps de 1852. Il écrit un commentaire sur la Messe et corrige les épreuves de la seconde édition des *Œuvres* complètes. Il forme encore de nombreux projets, mais ses amis constatent le déclin de ses forces.

1852 (janvier) : Mort de Mme Khomiakov, sœur du poète Iasykov, ami de Gogol. Celui-ci en est fort impressionné et il semble qu'à partir de ce jour, il abandonne ses travaux, ses projets, pour se préparer à la mort.
4 février : Il reçoit la visite du Père Matthieu qui lui reproche d'être trop attaché aux choses de la terre et le menace de la damnation éternelle. Épouvanté, Gogol

crie : « Assez ! Assez ! je n'en puis plus. » C'est le Carême. Gogol fréquente jour et nuit les offices de sa paroisse et observe un jeûne rigoureux.
11 février : Dans la nuit, Gogol réveille son domestique Iakim, lui ordonne d'allumer le poêle et jette au feu la troisième version de la seconde partie des *Âmes mortes*. À partir de ce jour, il ne quitte plus son divan où il demeure sans mouvement, les yeux clos, un chapelet entre les mains. Il communie encore et reçoit l'extrême-onction. Les médecins essaient de le soigner mais Gogol supplie qu'on le laisse tranquille.
21 février : Il meurt à huit heures du matin. Ses dernières paroles sont : « Une échelle... vite, une échelle... »
Enterré d'abord au monastère Danilovsky, le corps de Gogol a été transféré en 1931 au cimetière Novodiévitchi, dans la section réservée aux hommes de lettres, aux artistes.
En 1855, un des neveux de Gogol, N. Trouchkovski, publia en un volume, des fragments de différentes versions de la seconde partie des *Âmes mortes*, ainsi que la *Confession d'un écrivain*.

Les dates de cette chronologie sont celles du calendrier julien. Le seul admis en Russie, il retardait de douze jours sur le calendrier grégorien.

TABLE

Introduction 7
Notes 49

LE RÉVIZOR 57

Notes 223
Bibliographie 229
Chronologie 237

DERNIÈRES PARUTIONS

AVERROÈS
Discours décisif (bilingue) (871)
L'Intelligence et la pensée (974)

BALZAC
La Peau de chagrin (899)
Le Père Goriot (826)

BARBEY D'AUREVILLY
Une vieille maîtresse (955)

BAUDELAIRE
Au-delà du romantisme. Écrits sur l'art (1010)

BERKELEY
Trois Dialogues entre Hylas et Philonous (990)

BOÈCE
Traités de théologie (876)

LE BOUDDHA
Dhammapada (849)

BÜCHNER
La Mort de Danton. Léonce et Léna. Woyzeck. Lenz (888)

CHRÉTIEN DE TROYES
Perceval ou le Conte du graal (bilingue) (814)

COMTE
Discours sur l'ensemble du positivisme (991)

DESCARTES
Les Passions de l'âme (865)
Lettre-préface des *Principes de la philosophie* (975)

DUMAS
Le Comte de Monte-Cristo (1004-1009)

ÉPICTÈTE
Manuel (797)

FABLIAUX DU MOYEN ÂGE (bilingue) (972)

FÉVAL
Le Bossu (997)

FONTANE
Cécile (1012)

GALIEN
Traités philosophiques et logiques (876)

HEGEL
Préface de la *Phénoménologie de l'esprit* (bilingue) (953)
Principes de la philosophie du droit (664)

HIPPOCRATE
L'Art de la médecine (838)

HISTOIRES D'AMOUR ET DE MORT DE LA CHINE ANCIENNE (985)

HISTOIRES EXTRAORDINAIRES ET RÉCITS FANTASTIQUES DE LA CHINE ANCIENNE (1014)

IDRÎSÎ
La Première Géographie de l'Occident (1069)

JAMES
L'Espèce particulière et autres nouvelles (996)

KÂMA SÛTRA (1000)

KANT
Métaphysique des mœurs I (715)
Métaphysique des mœurs II (716)

LAFORGUE
Les Complaintes (897)

LESSING
Nathan le Sage (bilingue) (994)

LE TASSE
La Jérusalem délivrée (986)

LORRIS
Le Roman de la Rose (bilingue) (1003)

LUCRÈCE
De la nature (bilingue) (993)

MALLARMÉ
Écrits sur l'art (1029)

MARLOWE
Le Docteur Faust (bilingue) (875)

MARX & ENGELS
Manifeste du parti communiste (1002)

MONTAIGNE
Apologie de Raymond Sebond (1054)

MONTESQUIEU
Lettres persanes (844)

MUSSET
Premières Poésies (998)

NIETZSCHE
Ainsi parlait Zarathoustra (881)
Le Gai Savoir (718)

PLATON
Alcibiade (987)
Apologie de Socrate. Criton (848)
Banquet (988)
Cratyle (954)
Protagoras (761)

PONGE
Comment une figue de paroles et pourquoi (901)

RODENBACH
Bruges-la-Morte (1011)

ROUSSEAU
Dialogues. Le Lévite d'Éphraïm (1021)

SHAKESPEARE
Antoine et Cléopâtre (bilingue) (895)
Le Songe d'une nuit d'été (bilingue) (891)

STENDHAL
Le Rose et le Vert (901)

STRINDBERG
Mademoiselle Julie. Le Pélican (970)

SWIFT
Les Voyages de Gulliver (969)

TITE LIVE
Histoire romaine. Les Progrès de l'hégémonie romaine (1005-1055)

THOMAS D'AQUIN
Contre Averroès (713)
Somme contre les Gentils (1045-1048, 4 vol. sous coffret 1049)

MIGUEL TORGA
La Création du monde (1042)

TURGOT
Formation et distribution des richesses (983)

WILDE
Le Portrait de Mr. W. H. (1007)

GF-CORPUS

L'Illusion (3035)
La Justice (3050)
La Société (3041)
La Violence (3042)

GF-DOSSIER

BEAUMARCHAIS
Le Mariage de Figaro (977)

CHATEAUBRIAND
Mémoires d'outre-tombe, livres I à V (906)

CORNEILLE
L'Illusion comique (951)
Trois Discours sur le poème dramatique (1025)

DIDEROT
Jacques le fataliste (904)

FLAUBERT
Bouvard et Pécuchet (1063)

FONTENELLE
Entretiens sur la pluralité des mondes (1024)

GOGOL
Nouvelles de Pétersbourg (1018)

HUGO
Les Châtiments (1017)
Hernani (968)
Ruy Blas (908)

JAMES
Le Tour d'écrou (bilingue) (1034)

LESAGE
Turcaret (982)

MARIVAUX
La Double Inconstance (952)
Les Fausses Confidences (1065)
L'Île des esclaves (1064)
Le Jeu de l'amour et du hasard (976)

MAUPASSANT
Bel-Ami (1071)

MOLIÈRE
Dom Juan (903)
Le Misanthrope (981)
Tartuffe (995)

MONTAIGNE
Sans commencement et sans fin. Extraits des *Essais* (980)

MUSSET
Les Caprices de Marianne (971)
Lorenzaccio (1026)
On ne badine pas avec l'amour (907)

PLAUTE
Amphitryon (bilingue) (1015)

RACINE
Bérénice (902)
Iphigénie (1022)
Les Plaideurs (999)

ROTROU
Le Véritable Saint Genest (1052)

ROUSSEAU
Les Rêveries du promeneur solitaire (905)

SÉNÈQUE
Médée (992)

SOPHOCLE
Antigone (1023)

ZOLA
Au Bonheur des Dames (1086)

GF Flammarion

99/10/74923-X-1999 – Impr. MAURY Eurolivres, 45300 Manchecourt.
N° d'édition FG049705. – Mars 1988. – Printed in France.